KB200229

사랑하는 내 딸, 애썼다

규장

사랑하는
내 딸,
─
애썼다

마음이 아픈 이들을 다시 세우시는 하나님 음성

한혜성

규장

상한 갈대, 상한 자를 싸매다

늦은 밤, 이 책의 원고를 단숨에 다 읽었다. 읽다가 몇 번을 멈추고 흐르는 눈물을 닦았다. 자꾸만 저자의 어린 시절이 생각났기 때문이다. 어린 저자에게 꼭 말해주고 싶었다.

"그래, 참 많이 애썼구나. 장하구나."

이 책은 정신질환을 앓고 있는 환자를 향한 의사의 충고가 아니다. 자신도 똑같이 상처받은 갈대로서 말한다. 또 다른 상한 갈대에 아파하는 이야기다. 자신도 꺼져가는 심지로 흐느낀다. 또 다른 꺼져가는 심지의 불꽃을 애달파하는 노래다. 참으로 하나님의 사랑을 아는 자가 아니면 이런 글을 쓸 수 없다. 아무도 사랑할 수 없을 것 같은, 아니 자신조차 사랑할 수 없을 것 같은 인생의 밤을 지나는 그대에게 한 줄기 빛이 될 것이다.

김남준 목사(열린교회 담임)

참 치료자는 주님이심을 고백하다

의과대학 제자가 기독 정신과 의사가 되어 환자를 돕는 과정을 섬세하게 표현한 글을 감사히 읽었다. 저자는 글을 통해 주님의 주권을 인정하며 참 치료자는 주님이심을 고백한다. 또한 자신의 연약한 모습을 그대로 드러내며 기독교인의 아픈 마음을 따뜻하게 위로한다.

책의 마지막 페이지를 넘기며 존경하는 한 목사님의 말씀이 떠올랐다. "기쁨은 고통의 부재가 아니라 하나님 임재이다." 저자는 고통이 없는 삶이 아니어도 하나님의 임재로 기쁠 수 있음을 말한다. 녹록지 않은 삶을 사는 모든 신앙인에게 이 책을 권하고 싶다. 우리를 '금쪽같은 내 새끼'로 여기시는 하나님의 사랑이 전달되기를 바라며.

김동선 교수(경북대 의대, 의학전문대학원 교수)

피할 수 없는 고통을 겪는 이들에게 전하는 온기

한혜성의 글은 따뜻하다. 사람이 따뜻하기 때문일 것이다. 전공의로 수련받던 중에도, 전임의로 연구를 할 때도, 클리닉에서 환자를 치료할 때도 그 따듯함은 변하지 않았다. 이 책은 세상을 살면서 지치고 힘들고 아픈 기독인들에게 그 온기를 전한다.

더불어 현대 정신의학의 가장 업데이트된 지식도 함께 전해준다. 드러내기 힘들 법한 본인의 아픔을 진솔히 나누며, 그 속에서 어떻게 회복하며 하나님을 놓치지 않을 수 있었는지를 보여준다. 신앙인으로 피할 수 없는 고통을 겪고 있다면 이 책이 갈 길을 확실히 보여줄 것이다.

채정호 교수(서울성모병원 정신건강의학과 교수, 기독정신과의사회 전임회장)

우울증 치유와 회복을 실제적으로 돕는 책

이 책은 매우 다양한 우울증 사례를 소개하며 환자와 의사가 힘을 합쳐 치유하는 과정을 실제적으로 깊이 있게 담고 있다. 많은 환자와 가족들에게 큰 도움이 될 것으로 기대한다. 모쪼록 이 책이 저자가 진료하는 환자들뿐 아니라 어느 곳에서든지 우울증으로 어려움을 겪는 이들에게 널리 읽히는 치유의 책이 되기를 바란다.

한상익 교수(가톨릭대 의대 정신건강의학과 명예교수, 분석심리학회 전임회장)

최선을 다해 환자를 돌보며 주님을 신뢰하다

저자가 대학생일 때부터 20년 가까이 교제하며 그녀와 함께하시는 하나님의 은혜를 지켜봐 왔다. 그녀는 정신과 의사가 되기까지 매번 하나님의 일하심을 생생하게 체험하며 살아온 신앙인이다. 그러기에 환자를 대하는 모습이 마음의 중심을 보시는 주님과 닮은 것 같다.

이 책을 통해 정신과적 어려움에 대한 유익한 정보를 얻을 수 있었고, 환자를 대하는 그녀의 시각과 태도를 통해 같은 의료인으로서 많은 걸 배웠다. 최선을 다해 환자를 돌보면서도 진정한 치유자는 주님이심을 고백하며 그분을 신뢰하는 그녀의 모습이 내 마음에 큰 울림을 주었다.

김재호 원장(한사랑치과)

내 딸아, 애썼다. 그리고 사랑한다!
: 과부의 두 렙돈

정말 소중하고 귀한 존재

저는 만나는 이들에게 "너무 애쓰지 마세요"라고 말하는 정신과 의사입니다. 하지만 몇 년 전 누군가 제게 "하나님이 천국에서 당신을 어떻게 맞아주길 원하세요"라고 물었을 때, 이렇게 대답했어요.

"하나님이 '내 딸아, 참 애썼다'라고 말씀하시며 꼭 안아주시면 좋겠어요."

다른 사람들에게는 너무 애쓰지 말라고 하면서도, 애쓰며 살아가는 제 모습을 하나님만은 알아주시길 바라나 봅니다.

저뿐 아니라 하나님의 값없는 은혜를 경험한 크리스천이라면 누구나 하나님이 보시기에, 또 사람이 보기에 잘 살고 싶어서 정말 열심히 살아가지요.

그러면서도 늘 죄책감을 느낍니다. 조금이라도 더 애쓰고 더 열심히 살아야 부족한 죄인을 살려주신 주님 앞에 덜 죄스러울 것 같기 때문이지요. 이처럼 하나님께 죄송해서 또 인정받고 싶어서 우리는 무척 애를 많이 씁니다. 이것이 꼭 나쁜 건 아니에요. 이런 마음가짐이 크리스천의 삶을 도울 때도 많기 때문입니다.

하지만 우리는 죄인의 정체성만 갖고 있지 않습니다. 죄인이면서 '하나님의 자녀'라는 두 가지 정체성이 있지요. 우리 모두는 죄인이자 하나님의 아들과 딸로서 정말 소중하고 귀한 존재입니다.

이것은 하나님의 은혜로밖에는 설명되지 않는 놀라운 진리이지요. 지금 제게 죄인으로서의 정체성과 하나님의 딸로서의 정체성 중 어떤 게 더 중요하냐고 누군가 물으면 '하나님의 딸'로서의 정체성이 더 중요하다고 대답할 거예요. 그리고 누군가 제게 다시 "하나님이 천국에서 당신을 어떻게 맞아주길 원하나요"라고 묻는다면 "'내 딸아, 사랑한다'라고 말씀해주시면 좋겠어요. 그것으로 만족합니다"라고 답할 것 같습니다.

"애썼다"라는 표현의 주체는 저이지만, "사랑한다"라는 표현의 주체는 하나님이시기 때문이지요. '하나님의 딸'이라는 정체성은 제 노력으로 얻은 게 아니라 오직 하나님의 은혜로 받은 것이기에 더욱 소중합니다.

두 렙돈과 한 달란트

저는 진료실에서 크리스천 우울증 환자를 거의 매일 만납니다. 이들 역시 귀한 하나님의 자녀지요. 그런데 안타깝게도 대부분 스스로 '하나님 앞에 이러이러하게 살아야 하는데 그렇게 살지 못한 죄인'이라고 고백하는 경우가 많아요.

우울증의 증상 중에 '지나친 죄책감'이 포함되긴 하지만, 신앙인들은 자신이 하나님 앞에 죄인이라고 생각하기에 신앙이 없는 우울증 환자보다 마음에 더 큰 부담과 죄책감을 갖곤 합니다. 저는 이런 환자들을 보면 마가복음 12장에 나오는 과부의 두 렙돈 이야기가 떠올라요.

예수님이 헌금함 맞은편에 앉아 무리가 어떻게 돈을 넣는가를 보고 계셨지요. 부자들은 의기양양하게 두둑한 주머니를 털어 넣어요. 그런데 남루한 행색의 한 가난한 과부가 고이 싸놓은 렙돈 두 닢, 곧 한 고드란트를 신중하게 넣지요. 그러자 예수께서 제자들을 곁에 부르시고 말씀하세요.

"내가 진정으로 너희에게 말한다. 헌금함에 돈을 넣은 사람들 가운데, 이 가난한 과부가 어느 누구보다도 더 많이 넣었다. 모두 다 넉넉한 데서 얼마씩을 떼어 넣었지만, 이 과부는 가난한 가운데서 가진 것 모두 곧 자기 생활비 전부를 털어 넣었다"(막 12:43,44).

이 본문의 배경을 오늘날 교회 특별헌금 시간이라고 가정해 볼게요. 예수님이 헌금함 앞에 앉아계시는데 명품으로 잘 차려 입은 사람들이 줄을 지어 헌금합니다. 수표도 넣고 헌물도 약속하는 등 큰 액수를 헌금하지요. 그 뒤에 서 있던 행색이 초라한 과부 집사님 차례가 되었어요.

그녀는 두 렙돈(현재 하루 임금을 약 10만 원으로 보았을 때, 약 1천 원 정도)을 헌금합니다. 그녀가 가진 전부지요. 이 과부 집사님의 마음은 어땠을까요? 초라한 자신의 헌금을 다른 사람이 볼까 봐 무섭고 부끄러웠을 거예요. 지켜보는 다른 성도들도 특별헌금 시간에 겨우 1천 원을 들고나온 그녀를 보며 '안 하느니만 못한 헌금'이라고 생각했겠지요.

하지만 헌금을 받으시는 예수님의 관점은 전혀 달랐습니다. 예수님은 그녀가 가져온 돈만 보시는 분이 아니에요. 그녀의 하루의 삶, 한 주의 삶은 물론 평생을 함께하신 분이니까요. 예수님은 그녀가 그간 어떻게 살아왔으며, 당시 어떤 고통 중에 있는지 생생하게 함께 겪고 계셨어요. 그런 예수님이 헌금 시간이 끝난 후에 말씀하십니다.

"내 딸아, 네가 가진 모든 것이자 당장 써야 할 생활비 전부를 내게 가져왔구나. 너는 누구보다 많이 헌금했다."

예수님은 헌금의 액수를 보시지 않고, 가진 전부를 드린 과부 집사님의 마음을 보시고 귀히 여겨주십니다.

"그때에 천국은 마치"로 시작되는 마태복음 25장의 달란트 비유를 볼게요(한 달란트는 현재 화폐 가치로 약 6억, 두 달란트는 12억, 다섯 달란트는 30억 원 정도라고 해요).

어느 주인이 장기간 해외에 나가며 믿고 아끼는 종들에게 각각 6억, 12억, 30억을 맡깁니다. 오랜 시간이 지난 후에 주인이 돌아와서 종들을 찾았는데, 12억과 30억을 맡은 자들은 장사를 해서 두 배로 만들어놓았어요.

그는 두 종에게 "착하고 충성스럽다"(good and faithful)라고 칭찬하지요. 심지어 그 큰돈을 맡긴 건 오히려 작은 일이었다며 더 큰 일을 맡길 뿐 아니라 "주인과 함께 행복하자"(Come and share your master's happiness)라고 합니다.

주인은 둘이 남긴 금액에 따라 차별하여 칭찬하지 않아요. 같은 두 배의 이익이라도 30억을 관리하기가 더 힘들었을 텐데 말입니다. 저는 주인이 처음부터 각자의 능력에 맞추어 재산을 맡겼기에 둘의 결실을 동일하게 인정했다고 이해했어요.

반면 6억을 맡은 사람은 자신을 믿고 맡겨준 주인에게 감사하지 않았어요. 그래서 돈을 땅에 묻어두었다가 고스란히 주인에게 돌려주지요. 아마도 더 많이 받은 종들과 자신을 비교하며 원망과 열등감에 빠졌던 것 같아요. '상대적 박탈감'에 휩싸인 거지요.

그는 '왜 나만 6억이지? 왜 내게는 12억이나 30억의 기회를 주지 않았을까?'라며 주인 없는 내내 원망했을 거예요. 결국 결산할 때 "이 돈의 주인인 당신이 굳은 사람이라 두려워 돈을 땅에 숨겼습니다"라는 핑계를 대지요. 주인은 그를 쫓아냅니다.

만약 한 달란트를 맡은 자가 한 달란트를 남겼다면 주인이 어떻게 반응하셨을지 생각해봅니다. 주인은 과부의 헌금 액수가 아닌 중심을 보시는 분이에요. 그것을 가장 많은 헌금이라 여겨주셨지요. 그래서 한 달란트 받은 종이 한 달란트를 남겨 왔더라도 다섯 달란트, 두 달란트 맡긴 종과 똑같이 칭찬해주셨을 것입니다.

심지어 달란트가 아닌 두 렙돈, 즉 억대가 아닌 1천 원을 맡긴 종이 단돈 1천 원을 남겼다 해도 분명히 다른 종들에게 하신 것처럼 "잘하였다, 착하고 충성된 종아"라고 말씀하셨을 거예요.

하지만 한 달란트 받은 종은 자신의 주인이 얼마나 긍휼한 분인지 알지 못했기에 그 돈을 땅에 숨깁니다. 그 돈을 잘 사용했으면 그 역시 귀히 여길 공평한 주인인데 말이지요. 그런데 그 종은 주인이 준 한 달란트를 초라하게 여기며 주인을 탓했어요. 그것이 바로 '죄'입니다.

충분히 칭찬받을 만한 인생

저는 '두 렙돈이 전부였던 과부'와 '한 달란트 받은 종'을 보면서 제가 만나는 환자들을 생각합니다. 그들은 정서적으로 다른 이들보다 적은 자원을 가진 경우가 많아요. 이는 환자의 삶 전체를 두 렙돈짜리 인생으로 여긴다는 의미가 아니에요. 정서 외적인 면에서는 아프지 않은 사람보다 훨씬 뛰어난 달란트를 가졌을 수 있지만, 정서적으로는 궁핍하고 고통스럽다는 의미지요.

물론 정서뿐 아니라 삶의 많은 영역에서 두 렙돈만 가진 사람도 있어요. 이때는 상대적 박탈감이 아닌 '절대적 절망'이 찾아옵니다. 자기 삶 자체가 너무나 억울하고 속상해서 주님께 '왜 모두에게 같은 환경을 허락지 않으셨나요?'라며 따지고 싶을 거예요.

하지만 예수님의 관점은 다릅니다. 주님은 그들의 두 렙돈짜리 삶을 초라하게 여기는 분이 아니에요. 그 삶이 드러나는 모습이 두 렙돈일 뿐이라도 그의 마음 중심을 보시고 칭찬하시지요. 그 초라한 모습이 그가 마음을 다한 결과물이라면 "착하고 충성되다"라고 하실 거예요.

　드러나는 모습이 좋은 신앙인이든 아니든 그게 전부인지 아닌지 아실 분은 주님밖에 없습니다. 주님은 우리의 머리카락까지도 다 세시며(마 10:30), 우리의 강함과 약함을 아시며, 신체적, 정신적, 사회적, 영적인 면까지 속속들이 아시니까요.

　그래서 어려움 중에 최선을 다해 회복하고자 애쓰는 이들을 결코 '겨우 두 렙돈짜리 인생'이라 탓하지 않으실 거예요. 반면에 좋은 신앙인의 모습을 보여도 그것이 그에게 주어진 달란트를 반쯤 땅에 묻은 모습이라면 주님이 칭찬하실 리 없겠지요.

　우울증이 있는 신앙인들은 가진 것 전부를 드렸으면서도 조금밖에 드리지 못했다는 죄책감에 매여 살아요. 저는 과부의 두 렙돈처럼 자신이 가진 전부를 다해 매일의 삶을 살아가는 환자들이 자신을 비하하지 않았으면 좋겠습니다.

　그저 주님께 초라한 모습 그대로 나아가 자신의 아픔을 내려놓고 위로받기를 바라요. 한 환자의 표현을 빌리면 '없는 정신력을 짜내서 버티는' 스스로를 응원하면 좋겠어요.

　이것은 내게 약함을 주신 주님을 원망하며 회복을 위한 노력을 멈추거나 부모나 환경, 상처 탓만 하며 주저앉아 있어도 괜찮다는 말이 아니에요. 성장을 멈추자는 이야기가 아닙니다. 피조물이 창조주에게 "어찌하여 나를 이렇게 만들었습니까"라고 따질 수 없어요(롬 9:20). 하나님이 창조하신 내 모습을 충분히 인정하고 수용하며 예수님을 닮아가기 위해 치열하게 노력하자는 거지요.

물론 주님이 충분한 힘과 능력을 주셨는데도 어린아이와 같은 모습이면 곤란하지요. 같은 자원을 허락하셨다면, 그 환경 안에서 하나님과 사람을 사랑하는 데 마음을 다해야 해요. 사람의 눈에는 많이 드린 듯 보여도 실은 얼마 안 된다는 걸 주님은 아실 테니까요. 우리가 선택할 수 없는 영역은 있는 그대로 인정하고 수용하며 피조물로서 주어진 조건에서 최선을 다한다면 그걸로 충분히 칭찬받을 만합니다.

그저 버틴 하루일지라도

예수님은 우리의 기대와 전혀 다른 방법으로 아주 공평하세요. 드러나는 모습으로 우리를 평가하지 않으시지요. 나는 주님이 허락하신 삶에 어떻게 최선의 반응을 했는지, 내 삶의 주인이며 아버지 되시는 하나님 앞에 어떤 태도로 살아왔는지를 생각해보세요.

저는 이제껏 더 나은 모습으로 살지 못한 걸 한탄하는 이들에게 이렇게 묻습니다.

"지금과 똑같은 모습으로 똑같은 환경에서 다시 태어난다면 지금 이 모습 이상으로 잘 살 수 있을까요?"

대부분은 주어진 상황에서 최선을 다했노라고, 더 잘 살 수는 없을 거라고 답해요.

자, 이제 당신의 삶을 떠올려보세요. 같은 날, 같은 장소, 같은 부모님 밑에서 다시 태어납니다. 똑같은 얼굴과 키, 재능, 기질로 다시 태어나 좋았던 일, 어려웠던 일들을 그대로 겪어요. 내가 선택할 수 없는 모든 순간을 다시 한번 사는 거지요.

저는 '엄청 더 잘 살았어야 한다고 생각하는데 지금 이 모습'인 이들을 위해 이 글을 쓰지 않았어요. 주님은 한 달란트를 땅에 묻어둔 종을 꾸짖듯 그들을 꾸짖으실지도 모릅니다. 하지만 당신이 "다시 산다고 해도 지금보다 더 잘 살 수 없을 것 같다", "부족한 내 모습이나마 최선을 다해 살았다"라고 답한다면 저는 되묻고 싶어요.

"지금까지 당신의 삶의 결과인 이 모습이 두 렙돈짜리든 한 달란트짜리든 주님이 뭐라고 하실까요?"

아마도 '사랑하는 내 아들, 내 딸아, 애썼다'라고 해주시지 않을까요? 주님은 긍휼하시며 자비가 많으시고 죽기까지 우리를 사랑하시며 죄인인 우리를 자녀 삼아주실 만큼 은혜가 많은 분이세요.

우리의 초라한 하루가 사람의 눈에는 겨우 1천 원짜리 신앙으로 보일 수 있어요. 하지만 멋진 하루가 아니라 그저 버틴 하루일지라도 주님은 과부의 두 렙돈처럼 귀히 받아주실 거예요.

지금은 엉망진창이고 자신조차 보고 싶지 않은 모습이더라도 약할 때 강함 되시는 하나님 구하기를 멈추지 마세요. 오늘 내가 하는 아주 작은 일도 귀히 여겨주실 그분을 기대하며 포기하지 말고 작은 걸음을 내딛기를 진심으로 기도합니다.

• 인용 성구는 새번역 본을 사용했습니다.
• 책에 등장하는 이야기는 환자 보호를 위해 가명을 사용 각색했습니다.

프롤로그

Part 2

아버지, 제가

마음이 아픕니다

Part 3

아버지, 제가

불안합니다

아버지, 제가

같이 울고 싶습니다

Part 1

아버지,
제가

우울합니다

1장

자존감이 낮은 당신에게

스스로 삶을 망치고 싶어서

막사는 사람이 얼마나 있을까요?

우리 모두 처한 상황에서

신앙인으로서 충분히 애쓰지 않았나요?

이런 자기 자신을 있는 그대로

받아들이지 않는다면,

그 이면에 인간이 어찌할 수 없는 영역인

주님의 주권을 인정하지 않는

불신앙과 교만이 자리하고 있지 않은지

살펴봐야 해요.

왜 스스로를 함부로 평가하나요?

"네가 뭔데 나를 평가해?"

여자 래퍼 서바이벌 프로그램이었던 〈언프리티 랩스타〉에서 제시가 다른 래퍼들에게 한 말이 큰 화제를 모았습니다. 자신을 저평가하는 상대방에게 일침을 가한 거지요. 제시 스스로 자신을 꽤 괜찮은 래퍼라고 생각하기에 할 수 있는 말이었을 거예요.

요즘 자신의 이야기를 랩을 통해 당당하게 전달하는 프로그램이 인기가 많습니다. 종종 타인을 '디스'(dis, 사람이나 사건에 대해 무례한 태도를 취함)하는 래퍼도 볼 수 있어요. 하지만 스트레스 클리닉 진료실에서 만나는 환자 대부분은 자신을 지나치게 디스합니다. 그러면 저는 이렇게 묻고 싶어요.

"당신은 왜 스스로를 함부로 평가하나요?"

정신과를 방문하는 사람들은 대체로 자존감이 낮아요. 낮은 자존감은 다양한 정신적 어려움의 원인이 되지요. 겉으로 드러나는 증상은 사실 빙산의 일각인 경우가 많습니다.

괴로운 감정을 잘 돌보지 않고 꾹꾹 누르다 보니 불면이나 폭식, 신체 통증 등의 증상으로 새어 나오는데, 괴로운 감정의 깊은 곳에 낮은 자존감이 숨어있는 경우가 많습니다.

스트레스 클리닉 첫 방문 시에는 자존감이 더욱 바닥을 드러내지요. 특히 신앙인들은 스스로의 신앙과 의지로 '감정적인 문제 하나' 해결하지 못했다는 자책으로 괴로워합니다. 신앙인이라면 항상 기뻐해야 하는데 우울하고 불안한 게 마치 죄를 지은 것처럼 느껴진다고 말하지요.

그래서인지 독실한 신앙인 중 일부는 증상 자체보다 신앙인으로서의 죄책감 때문에 더 괴로워해요. 하지만 다른 사람을 함부로 판단하는 것을 조심해야 하듯 자신을 너무 쉽게 비하하며 열등감을 갖는 것도 조심해야 합니다.

WHO(세계보건기구)에서는 건강이란 "질병이 없고 허약하지 않을 뿐만 아니라 신체적(physical), 정신적(mental), 사회적(social), 영적(spiritual)으로 안녕(wellbeing)한 역동적 상태"라고 정의해요. 따라서 이 네 가지 요인이 안녕하지 못할 때 건강하지 않다고 생각할 수 있지요.

이는 한 사람의 전반적인 건강 상태를 설명하기에 유용합니다. 또한 어떤 질환으로 건강에 어려움을 겪는 경우에도 이 네 가지 요인을 고려하는 게 큰 도움이 돼요.

내과 질환을 예로 들면, 당뇨 환자의 경우 타고난 유전적 취약성 때문이든 건강하지 못한 식습관 때문이든 인슐린이 잘 조절되지 않는 신체적 문제는, 당연히 환자의 건강에 직접 영향을 미치는 요소입니다.

정신적, 영적으로 건강하여 삶에 대한 의지를 갖고 꾸준히 치료를 받으며 혈당 관리를 잘하는지도 큰 영향을 미치지요. 의지를 갖고 식단 관리와 운동을 하지 않으면 당연히 신체적으로 인슐린 조절에 영향을 미치기 때문이에요.

사회적 건강은 주변에 신체적, 정신적, 영적으로 지지해주는 가족과 지인이 있는지, 식단 관리를 도울 가족이 있는지와 중요한 연관이 있어요. 마찬가지로 무리한 업무를 지속시켜 스트레스 호르몬만 분비되도록 만드는 직장 환경도 큰 영향을 주지요.

이처럼 신체적, 정신적, 사회적, 영적 건강은 서로 직간접적 영향을 주고받아요. 마치 닭이 먼저냐 달걀이 먼저냐 싶을 정도로 어느 한 가지 원인으로 건강이 나빠졌다고 하기 어렵지요. 복잡한 메커니즘을 가지고 유기적으로 상호작용을 합니다.

저는 영적인 영향력을 축소하고 싶은 생각은 없어요. 일반적이지는 않더라도 특별한 은혜로 의학의 도움 없이 건강을 회복하는 사례가 분명히 있기 때문이지요. 의학의 도움을 받아 건강을 회복하는 과정에서도 영적인 부분은 매우 중요합니다.

신앙 안에서 자신에게 주어진 삶을 있는 그대로 잘 받아들이며 건강을 챙기려 노력하는 태도와 의지는 건강 회복에 큰 영향을 미칩니다. 특히 건강이 가볍게 상한 경우는 더욱 그렇지요.

하지만 신앙과 의지만으로 회복되지 않을 때가 있어요. 예를 들어 당뇨 환자가 급성 저혈당이 와서 쓰러지거나 심하게 당 조절이 되지 않으면 일단 입원을 시켜 신체적 치료를 반드시 병행해야 합니다.

이럴 때 "신앙과 의지를 동원해 스스로 당을 조절해보세요"라고 말하는 사람은 아마 없을 거예요. 간혹 건강관리를 제대로 못 해서 자책하는 경우는 있겠으나, '신앙과 의지로 당 조절 문제 하나 해결해내지 못했어'라며 더 괴로워하지는 않을 거예요. 아마 회복을 위해 기도하며 몸과 마음을 챙기고 살필 것입니다.

존귀하고 영화로운 존재

하지만 정신과 질환으로 건강이 상한 경우에는 인식이 어떤가요? 여기서 말하는 '인식'이란 정신이 아플 때 신앙인으로서의 태도와 자존감을 말합니다. 일반적인 편견과 매우 다르게 정신건강과 관련된 질환은 신앙과 의지의 문제로만 생기지는 않아요.

누구나 경험할 수 있는 심하지 않은 우울감, 불안감 등은 경한 당뇨의 전 단계처럼 생물학적 원인을 크게 고려하지 않아도 신앙과 의지로 좋아질 수 있어요. 하지만 일상생활이 어려운 수준의 우울증, 불안증, 폭식증 등은 심한 당뇨와 같이 생물학적, 정신적, 사회적, 영적인 고려를 함께 해야 합니다. 신경정신계의 문제도 몸의 요인이 주된 원인이 돼요. 예를 들어 세로토닌, 도파민, 노르에피네프린 등 신경전달물질의 불균형이 중요한 요인이지요.

대다수가 의지의 문제일 뿐이라고 오해하는 알코올 의존증(중독)조차도 유전의 영향이 60퍼센트, 환경의 영향이 40퍼센트일 정도로 생물학적 영향이 더 크다는 연구 결과가 있어요. 그래서 스트레스 클리닉에서는 생물학적 치료와 정신치료를 동시에 하며 사회적, 영적인 부분에서도 영향을 미치는 요소가 있는지 살피지요.

저혈당으로 쓰러진 사람에게 아무도 의지로 당을 올리라고 하지 않아요. 마찬가지로 행복 호르몬인 세로토닌 등의 심한 불균형으로 기분, 식욕, 수면, 의지력, 기력, 생각 조절이 되지 않는 사람에게 의지로 기운을 내어 회복하라고 할 수 없지요.

의지로 조절되지 않는 수준의 심한 폭식으로 괴로워하는 환자에게 "먹는 것 하나 신앙과 의지로 조절을 못 하냐"라고 하는 건 그에게 상처만 줄 뿐입니다.

다른 내과 질환은 몸의 힘이 떨어져도 정신의 힘을 회복 에너지로 삼는 경우가 있어요. 하지만 정신적 어려움은 정신신경계 물질에 불균형이 온 상태로, 말 그대로 정신력이 약해져 무의지, 무기력, 무망(희망이 없다고 생각됨)이 나타나지요.

아무리 신앙과 의지로 이겨내려고 노력해도 생각을 담당

하는 뇌의 기능 중 부정적인 생각의 회로만 강화되어 부정적인 생각이 심해집니다. 심지어 죽고 싶다는 생각마저 들지요. 이 경우에 신앙과 의지를 갖고 밝게 생각하라고 충고하는 건 아무 도움이 되지 않습니다. 정신이 아프고 싶어서 아픈 사람도, 의지로 극복하고 싶지 않은 사람도 없으니까요.

한 환자가 심한 우울증으로 종일 죽음에 대한 생각에 사로잡혀 있지만 하루하루 신앙으로 견뎌내려고 애쓰더군요. 그는 버티는 것뿐인 자신의 하루를 무의미하게 여겼지만 저는 같은 신앙인으로서 무척 존경스러웠어요.

어떤 환자는 증상이 심해서 외부적인 신앙생활을 못 하기도 해요. 건강이 허락되어 편안히 신앙생활을 하는 사람과 건강을 잃은 상황에서 신앙으로 겨우 삶을 유지하는 사람 중에 누구의 신앙이 더 귀하다고 할 수 있을까요?

정신이 아픈 와중에도 그나마 없는 정신력을 끌어모아 신체적, 정신적, 사회적, 영적 건강을 회복하고자 애쓴다면 마땅히 칭찬받아야 할 거예요.

스스로 삶을 망치고 싶어서 막사는 사람이 얼마나 있을까요? 우리 모두 처한 상황에서 신앙인으로서 충분히 애쓰지 않았나요? 이런 자기 자신을 있는 그대로 받아들이지 않는다면, 그 이면에 인간이 어찌할 수 없는 영역인 주님의 주권을 인정하지 않는 불신앙과 교만이 자리하고 있지 않은지 살펴봐야 해요.

스스로를 비하하며 열등감을 느끼는 게 실은 내가 다른 사람들보다 모든 면에서 우월하게 창조되었기를 바라는 소망의 표현은 아닌지, 내가 원하는 삶만을 하나님께 요구하는 건 아닌지, 그래서 내 삶을 온전히 받아들이지 못하는 건 아닌지 돌아볼 필요가 있어요.

늘 자신을 마음에 들지 않아 하던 여대생 연희 씨가 얼마 전 진료실에서 이렇게 말했습니다.

"저는 이상(理想)을 바라보고 있었던 것 같아요. 매일이 완벽하기를 바라며 괴로웠어요. 그런데 요즘은 지금 할 수 있는 최선을 다하며 살고 있어요. 내 삶을 받아들이고 긍정적으로 사는 요즘이 더 좋아요."

저는 이 말을 듣고 무척 감사했어요. 삶을 있는 그대로 인정하면 긍정의 힘이 생기고, 그 힘이 건강의 회복을 돕기 때문이지요. 우리는 모두 존귀하고 영화로운 존재예요.

사람이 무엇이기에 주님께서 이렇게까지 생각하여주시며,

사람의 아들이 무엇이기에 주님께서 이렇게까지 돌보아주십니까? 주님께서는 그를 하나님보다 조금 못하게 하시고, 그에게 존귀하고 영화로운 왕관을 씌워주셨습니다.

시 8:4,5

아픈 것도 서러운데 아픈 것 때문에 자존감까지 떨어져서는 안 돼요.

나의 공황 이야기

크리스천의 마음건강에 대한 책을 내기로 하면서 기독 정신과 의사인 제 이야기를 함께 부탁받았어요. 처음에는 제 간증을 글로 공개하려니 걱정이 많았습니다.

진료실에서 저는 주인공이 아니에요. 주인은 주님이시고 주인공은 환자이지요. 저를 만나는 사람들이 제 진료실에서 만큼은 편안하게 스스로를 주인공으로 여기고 자신의 이야기에 집중하기를 늘 바랍니다.

그래서 종종 저에 대한 질문을 받아도 궁금해하는 이유를 더 중요하게 다루었지요. 환자에게 꼭 필요하다고 생각되는 경우가 아니면 제 이야기를 하지 않는 편이었어요. 그래서 간증을 부탁받았을 때, 혹여 이 글이 저를 만나는 이들의 진료에 해가 되지는 않을지 걱정이 되었어요.

하지만 저는 참 치료자는 오직 주님뿐이라고 생각해요. 엄밀한 의미에서 저는 치료자가 아니라 치료를 돕고 회복의 과정을 함께하는 사람일 뿐이지요. 참 치료자가 주님뿐이심을 '진심으로' 고백한다면 제 간증을 나누지 못할 이유가 없다는 생각이 들었어요.

또한 크리스천 환자의 자존감에 대한 글을 쓰면서 저 자신의 있는 모습 그대로를 인정하고 편하게 표현해봐야겠다는 생각도 들었지요. 정신과 의사로서 제 생각과 힘을 내려놓고 제 이야기를 나누려고 해요. 주님이 이 간증을 오병이어와 같이 받으셔서 어떤 이에게는 위로가, 어떤 이에게는 힘이 되면 좋겠습니다.

지난 5년 동안 3월은 유독 괴로운 달이었습니다. 5년 전 3월에 둘째 아기를 사산하고 고통 중에 그 봄을 보냈지요. 이듬해 3월에는 한 해 전에 잃은 아이 생각만으로도 괴로운데 가족 안에 어려운 일까지 생겨 정말 많이 힘들었어요. 거기다 이직을 하면서 환경의 변화로 몸도 편치 않았고요.

2018년 3월에는 어린 시절 엄마를 대신해 저를 키워주셨던 친할머니가 돌아가셨습니다. 할머니에 대한 사랑이 유난했던 저는 할머니가 너무나 그리웠어요.

2019년 3월에는 잔인하게 느껴질 정도로 친정 가족이 돌아가며 아팠습니다. 당시 저는 하루에 몇십 명의 환자를 만나 그들의 이야기를 들어야 했지요. 매우 좋아하고 감사하는 일이지만 육체적, 정신적으로 에너지 소모가 극심했어요.

진료하는 환자가 늘수록 친한 친구의 전화도 편히 받지 못했어요. 하루 진료가 끝나면 누군가의 이야기를 집중해서 들을 에너지가 없었기 때문이지요. 그런 상황에서 퇴근 후면 아픈 가족 면회가 일상이 되었어요. 그래서 몸도 마음도 많이 지쳤습니다. 가족이 아프니 '혹시 내가 힘들게 한 건 없었나' 하고 자책하기도 했지요.

그러던 어느 퇴근길에 지하철을 탔는데 갑자기 속이 메스껍고 토할 것 같았어요. 머리가 어지럽고 온몸에 식은땀이 났습니다. 전철에서 내렸지만 몇 걸음도 못 가 쓰러질 것 같았어요. 역사 의자에 쪼그리고 누워있으니 조금 나아지는 것 같았지만 계단을 걸어 올라갈 수가 없었지요.

할 수 없이 다음 지하철을 탔지만 같은 증상이 또 나타나서 몇 정거장 못 가서 내리고 말았어요. 그렇게 세 번이나 반복하여 두 시간 만에 겨우 집에 도착했습니다.

머리로는 스트레스로 인한 몸의 불안 반응임을 이해했지요. 아마 제가 정신과 의사가 아니었다면 심장에 문제가 생겼거나 식중독인가 싶어 공포를 느꼈을 것 같아요. 혹 호흡곤란이나 죽을 것 같은 공포가 함께 찾아왔다면 119에 연락했을지도 모릅니다.

다행히 저는 몸의 괴로움이 공포로까지 연결되진 않았어요. 그러나 몸과 마음의 반응을 이해했어도 그 고통이 빠르게 사라지지는 않았습니다. 정말 고통스러웠지요. 저는 일찍 잠자리에 들었고 다음날 여느 때처럼 출근했어요.

만약 제가 응급실에 실려 갔다면 저를 만난 의사는 분명히 공황발작과 비슷한 불안 반응이라고 설명해주었을 거예요. 제가 공황을 치료하는 의사이기에 불안 반응에 대처할 수 있었지만 그 증상을 피하지는 못했습니다.

깨져버린 그릇

하루하루 심한 스트레스를 받던 차에 자율신경계 균형까지 크게 흐트러지고 나니 몸이 이전보다 더 예민해진 걸 스스로 느낄 수 있었지요. 누군가의 고통을 함께하는 직업인데 고통스러운 이야기를 들으면 공감의 정도를 넘어 제 감정 조절이 되지 않았어요. 제 자신이 깨져버린 그릇 같았습니다. 누군가 힘든 이야기를 가져오면 넉넉히 담아내는 그릇이어야 하는데 그 감정이 그대로 제게 스며들었어요.

치료자인 제가 고통을 느끼기도 하고 속상한 이야기를 들으면 가슴이 두근두근 떨렸지요. 참기 어려울 정도로 우울한 기분이 지속되진 않았지만 에너지가 떨어져서 같은 일을 하기 위해 이전보다 더 많이 애써야 했습니다. 또한 생각과 걱정이 많아져 일상적인 일 외에는 결정을 내리기가 쉽지 않았고요.

한 예로 열린교회 김남준 목사님이 우울증을 주제로 강의를 요청하셨는데 결정하기까지 수 주일이 걸렸고, 준비하는데도 예전보다 많은 에너지가 필요했어요. 그래서 깨달았습니다.

'아, 내가 우울하고 불안하구나.'

제 몸과 마음 상태가 꽤 좋지 않음을 알았지만 가족이나 주변에 도움을 청하기도 어려웠어요. 정신과 의사로서 부끄러운 마음도 들었고요. 정형외과 의사라고 해서 다치지 않는 게 아닌 것처럼 정신과 의사도 마음이 아플 수 있는데 말이지요. 그렇지만 자기 마음도 챙기지 못하면서 누군가의 마음을 챙긴다는 게 무척 어려웠습니다.

그동안 환자들에게 이런 말을 종종 했었지요.

"건강이 상한 것도 서러운데 자책까지 하지는 마세요."

그런데 일부러 자책하지 않아도 그 마음이 저절로 올라오는 건 저도 어쩔 수가 없었어요. 스스로를 탓하는 것 자체가 우울의 증상이기도 하고요.

또 이런 말도 했습니다.

"우산을 쓰면 가랑비에 옷이 젖는 건 막을 수 있지만 폭우는 피할 수 없어요. 머리카락이 젖는 걸 겨우 피하면 다행이지요."

가끔은 우산을 써도 막을 수 없는 비가 오는 걸 인정하고 받아들이는 게 회복의 시작일 수 있다는 의미지요. 제게는 2019년 3월이 바로 그런 때였습니다. 피할 수 없는 비를 맞았다는 걸 인정하고 연약한 내게 필요한 주님의 은혜를 구해야 할 때.

하지만 남편 외에는 제 건강이 좋지 않다고 직접 이야기하고 응원을 구하기가 어려웠어요. 친한 의사 친구들에게조차 공황증상이 온 것 같다고 말하기가 쉽지 않았지요.

제 상태를 가장 먼저 눈치챈 건 당시 병원에서 같이 일하던 안내 직원들이었을 거예요. 환자를 대할 때는 없는 에너지를 끌어모아 전과 다름없이 상담하려고 애썼지만, 한 환자가 가고 다른 환자를 기다리는 사이에 전보다 많이 힘들어하는 모습을 보였으니까요. 그들도 저를 보며 함께 기운이 빠질 것 같아 미안한 마음이 들었습니다. 그들도 신앙은 있었지만 체력이 좋지 않았거든요.

그래서 농담 삼아 서로를 '쿠크다스 멘탈'이라고 부르기도 했습니다. 유리 멘탈(유리처럼 깨지기 쉬운 정신 상태)을 넘어 '쿠크다스 과자처럼 잘 부서지는 멘탈'이라는 의미였지요.

"원장님, 이렇게 체력도 마음도 약해서 어떻게 이 일을 계속하실 건가요? 그동안 주님이 아니었으면 어떻게 사셨을까 싶어요."

저는 부끄럽지만 시인할 수밖에 없었어요.

"맞아요. 정말 주님을 의지할 수밖에 없네요."

일을 쉬거나 별다른 스트레스가 없는 날에는 크게 힘든 걸 느끼지 못했지만 상담이 힘들었던 날이면 어김없이 이전보다 빨리 지쳤지요. 그렇게 시간이 흐르면서 가장 괴로운 건 몸의 힘듦이 아니었어요. 하고 싶은 일은 많은데 건강 때문에 하지 못하는 걸 받아들이는 게 정말 어려웠습니다.

무리하게 일하지 않는 게 다음 날 환자를 만나 일상을 보내는 데 도움이 되기 때문이었지요. 그렇다고 고통을 피하려고 제게 의미 있고 값진 정신과 의사로서의 삶을 내려놓고 싶지도 않았어요.

이러지도 저러지도 못한 채 1년을 보냈지만 한편으로는 연약할 때 더욱 온전해지는 주님의 은혜를 경험했어요. 몇 주 만에 겨우 결정하고 준비했던 우울증 강의, 정말 힘없고 연약한 중에 오직 하나님의 은혜만을 구하며 준비한 그 강의가 이전에 했던 어떤 강의보다 더 많은 사람에게 도움이 되었지요.

그 강의를 들은 이들의 소개로 여러 신앙인이 제 진료실을 방문했습니다. 그들의 어려움을 듣고, 주치의와 환자로 함께 상의하고, 믿음의 지체로 교제하며 정신과 의사로 사는 의미를 더 깊이 이해할 수 있었어요.

사실 마음이 상한 사람들을 돕는 일을 하면서도 마음 한 구석에는 봉사자로서의 삶이 잘 드러나는 일을 하고 싶다는 생각이 있었습니다.

'공공센터나 기독교 기관에서 일하는 게 하나님께서 부족한 나를 정신과 의사로 불러주신 소명이 아닐까?'

그런데 기독 정신과 선생님이 대표 원장이신 의원에서 몇 년 동안 일하면서 또한 제 강의를 듣고 저를 기독 정신과 의사로 알고 찾아온 이들을 만나면서 이런 생각이 조금씩 바뀌었습니다.

우리 존재, 파이팅입니다

어느 날은 하루 진료를 마치면서 이런 생각이 들었어요.

'오늘 내가 다른 곳에 있었다 한들 내 하루의 의미와 가치가 달라졌을까?'

어떤 자리에 어떤 모습으로 있는 게 중요하지 않음이 머리가 아닌 마음으로 깨달아졌지요. 주님을 온전히 내 주권자로 인정하며, 오직 주께서 치료자시니 진심을 담아 마음이 상한 자들을 돕는다면, 그 하루는 주님 앞에서 귀한 봉사자의 삶임을 고백하게 되었습니다.

'그렇다면 작은 의원을 열어서 평생 진료를 해도 괜찮지 않을까?'

하지만 여전히 몸과 마음이 많이 지쳐서 당장 준비하기는 어려웠지요.

'몇 년 더 지나 내 상황이 나아지고, 아이도 크고, 몸과 마음이 회복되면 개원하도록 길을 열어주시지 않을까?'

그러던 중에 제가 대학 때부터 신앙의 멘토로 따르고 있는 한 선생님을 만나게 되었어요. 그 분은 치과의사여서 오랜만에 치아 진료를 받으러 갔다가 대화를 나누었습니다. 선생님이 제 근황을 물으며 왜 개원을 준비하지 않느냐고 물었어요. 저는 평소 생각을 이야기했지요.

"언젠가는 해야겠다고 생각하고 있는데 지금 새로운 시작을 하기에는 제 몸과 마음이 너무 약해서요."

"한 선생, 처음부터 무리해서 많은 환자를 보려고 애쓰지 말아요. 하나님이 보내주시는 한 분 한 분을 성의껏 돌보면 되지요. 환자가 없으면 없는 대로 꼼꼼하게 진료하면 족하다는 마음으로 시작하면 되지 않겠어요?"

20년 가까이 알아온 선생님은 실제로 그렇게 환자를 대했지요. 그 이야기를 들으며 저는 깨달았어요.

'아, 내가 회복되어야 시작할 수 있다고 여겼던 것 역시 내 힘으로 하려는 거였구나.'

그때 한 동기가 의원 자리로 생각해두었다가 지방에서 개원하게 되어 비어있다며 알려준 곳이 떠올랐어요. 마침 치과 근처라 잠시 들러보았지요. 그런데 그곳을 보자마자 제 마음이 크게 움직였어요.

제가 막연히 상상했던 바로 그런 곳이었지요. 아직 쌀쌀

한 날씨인데도 통유리로 볕이 따뜻하게 들어오고, 탁 트인 전망은 답답한 것을 힘들어하는 제게 안성맞춤이었습니다.

살면서 가끔 짧은 시간에 큰 결정을 해야 할 때가 있는데 '지금이 그때'임을 직관할 수 있었어요. 저는 두려움 반 설렘 반으로 일주일 동안 잠을 설치다가 개원하기로 마음을 정했지요. 2020년 3월 한 달 동안 개원 준비를 하고 4월에 의원 문을 열었습니다.

작은 의원의 문을 여는 데에도 정말 많은 준비가 필요하더군요. 하지만 제가 약한 중에 의원을 열게 하신 것도, 제게는 잔인할 만큼 괴로웠던 3월에 개원을 준비하게 하신 것도 하나님의 크신 은혜였습니다.

제가 아무 힘이 없을 때 저를 일으키시는 하나님의 은혜를 아주 많이 경험했지요. 병원 문을 열면서 예전에 같이 일했던 직원에게 연락을 했어요. 저처럼 쿠크다스 멘탈인 그녀는 전일 근무가 버거워 일을 쉬고 있었어요. 무리한 부탁인 줄 알면서도 신앙이 있는 그녀와 꼭 함께 일하고 싶어서 제안을 했습니다.

감사하게도 그녀가 힘을 내어 다시 일해보겠다고 했지요. 서로가 약함을 알기에 오직 주님을 치료자로 모시고 환자의 회복을 돕자면서요. 그렇게 의원을 시작한 지 일주일이 지난

주말에 그녀가 고린도후서 12장 7-10절 말씀과 함께 장문의 문자를 제게 보냈습니다.

이 말씀을 원장님과도 나누고 싶어서 늦은 시간에 연락드립니다. 출근 일주일이 지났는데 예상보다 빠르게 지쳐버린 제 약한 체력 때문에 마음이 괴로웠습니다. 그런 와중에 마음으로는 '주님, 저는 연약합니다. 저는 넘어집니다. 주님이 필요합니다. 주님만이 완전하십니다'라고 고백했습니다.
이런 저를 위로하며 주님이 주신 말씀은 제 약함, 이 가시가 제게는 유익이라는 거였어요. 힘이 들어서 이 가시를 좀 없애 달라고 기도하지만 이로 인해 제가 주님 없이 혼자서는 살 수 없는 연약한 존재임을 깨닫고 교만하지 않을 수 있습니다.
원장님도 원장님만의 가시 때문에, 또 개원을 준비하면서 에너지를 많이 써서 힘드시지요. 하지만 이 일을 허락하신 주님께서 우리를 이끌고 계심에 감사합니다. 또 매일 아침을 원장님과 환자들을 위한 기도로 시작할 수 있어 감사합니다. 우리 각자의 자리에서 하나님의 사랑을 흘려보내도록 더욱 힘써보아요! 우리 존재, 파이팅입니다!

개원 일주일도 안 되어 많이 지쳐있었는데 이 문자가 큰 힘이 되었습니다. 저는 마음이 상한 이들과 함께할 뿐 제 진료에 선한 것이 있다면, 누군가의 회복에 도움이 된다면 그 고치시는 힘은 오직 하나님으로부터 나옴을 고백합니다.

저는 진료실에서 만나는 모든 이의 삶이 강해지기를 바라는 게 아니라 연약해도 족한 삶이 되길 바랍니다. 저처럼 부족한 사람도 사랑하시는 하나님의 주권을 인정하기에 그들도 있는 그대로의 자신을 받아들이고 감사와 기쁨이 있는 삶이 되기를 기도합니다.

가시가 있어도 괜찮습니다. 하나님께서 이런 우리도 귀하다 해주시니 우리 존재, 파이팅입니다!

그러나 주님께서는 내게 이렇게 말씀하셨습니다.
"내 은혜가 네게 족하다. 내 능력은 약한 데서
완전하게 된다." 그러므로 그리스도의 능력이
내게 머무르게 하기 위하여 나는 더욱더 기쁜 마음으로
내 약점들을 자랑하려고 합니다.

고후 12:9

2장

우울한 당신에게

처음에는 왜 우울이 찾아와

자기를 고통스럽게 하고 낙담시키며

삶을 정체시키는지 억울하고 화도 났지만,

치료 기간 중에 자기 자신을 챙기고

돌보는 법을 알아가며 스스로를 아끼게 되었고

심지어 이전보다 더 행복해진 것 같다고 말하기도 해요.

오늘 하루 당신은 무엇에 신경 쓰고

무엇을 살피며 지냈나요?

내 마음도 보살펴달라고 하지는 않는지

한번 살펴봐 주세요.

마음 돌봄에 무심한 사람들

진료하다 보면 우리나라 정신건강의학과 문턱이 얼마나 높은지 체감해요. 오랫동안 심한 우울증을 앓다가 스트레스 클리닉에 처음 방문한 환자에게 내원 동기를 묻습니다. 생활에 지장이 많은 증상 때문에 긴 시간 괴로웠지만 도움 없이 버티다가 최후의 방법으로 병원 문을 두드렸다고 하더군요.

이런 환자가 여전히 많아요. 너무나 힘이 들었지만 정신건강의학과에 선뜻 오기가 쉽지 않았다고 합니다. 그렇게 혼자서 수개월 혹은 수년을 어떻게 지내왔을지 생각하니 정말 안타까웠어요.

제가 개원 전에 근무하던 의원의 간판에는 '정신과'라는 글자가 없었어요. 대표 원장님이 정신과 문턱을 낮추고 싶어서 선택한 방법이었지요. 그 마음이 전해졌는지 '정신과 티가 나지 않는 정신과'를 찾아 멀리서 왔다는 사람들이 간혹 있었어요. 정신과 방문을 꺼리던 이들에게 치료의 기회가 닿은 게 감사하면서도 정신과 치료에 대한 편견이 여전히 강하다는 생각에 속이 상하기도 했지요.

국가에서 5년에 한 번씩 정신질환 실태조사를 합니다. 〈2016년도 정신질환실태 조사〉 발표에 따르면 전국 만 18세 이상 성인 5,102명을 대상으로 조사한 결과, 주요 17개 정신질환에 대해 조사된 평생유병률은 25.4퍼센트로 성인 4명 중 1명은 평생 한 번 이상 정신적 어려움을 경험하는 걸로 나타났어요. 모든 정신장애의 일년유병률은 11.9퍼센트로 1년 동안 정신건강 문제를 경험한 사람이 470만 명으로 추산되었지요.

그러나 '지금까지 살아오면서 정신건강 문제로 전문가와 상의한 적이 있는' 경우는 9.6퍼센트밖에 되지 않았지요. 또한 평생 정신질환을 경험한 국민 중 22.2퍼센트만이 전문가에게 상담이나 치료받은 경험이 있는 것으로 나타났어요.

이는 미국(43.1퍼센트, 2015년 기준)과 캐나다(46.5퍼센트, 2014년 기준)에 비하면 현저히 낮습니다. 그마저도 미국, 캐나다는 '지난 1년 사이'의 이용 여부를, 우리 조사는 '평생'의 이용 여부를 질문한 것으로 우리나라의 정신건강 서비스 이용 비율이 절대적으로 낮다는 걸 알 수 있어요.

통계청의 〈2017년 사망원인통계〉를 보면 10-30대 사망원인 1위, 40-50대 사망원인 2위가 '자살'(고의적 자해)입니다. 전체 인구 사망원인을 살펴보면 암, 심장 질환, 뇌혈관 질환, 폐렴에 이어 자살이 5위를 차지하고 있습니다.

물론 정신질환 치료를 받는다고 모두가 회복의 길로 가는 건 아니지요. 하지만 치료를 잘 받는 것이 회복될 확률을 크게 높이는 길임은 분명합니다. 정신의 어려움을 쉬쉬하며 숨기려고만 하기에 많은 사람이 회복될 수 있는 타이밍을 놓치고 있는 건 아닐까요.

〈2016년도 정신질환실태 조사〉에 따르면 우리나라의 주요우울장애(우울증) 평생유병률은 5퍼센트, 일년유병률은 1.5퍼센트였어요. 미국에서는 주요우울장애의 일년유병률을 6.7퍼센트로 봅니다.

일반적으로는 평생 우울증을 겪을 확률이 남자는 10퍼센트, 여자는 25퍼센트 정도라고 알려져 있어요. 입원이 필요한 수준의 심각한 우울증도 남자는 3퍼센트, 여자는 6퍼센트 정도예요.

그런데 한(恨)의 민족이라고 불리는 한국인의 우울증 유병률이 일반적인 통계보다 실제로 적은 걸까요? 우리나라의 높은 자살률을 생각해보면 그렇지 않을 거예요. 정신질환실태조사에 응답한 사람들이 본인의 힘든 마음을 제대로 표현하지 못했을 가능성을 생각해보게 됩니다.

주요우울장애 일년유병률이 1.5퍼센트라는 결과만 보아도 우리나라 인구 77만 명 정도가 1년 동안 우울증으로 고통받았을 거라고 추산할 수 있어요. 이는 적극적인 초기 발견과 치료가 필요함을 시사하는 내용이지요.

하지만 진료실에서는 본인이 우울이 있는 줄도 모르고 혼자 견디기만 한 경우를 심심치 않게 만납니다. 폭식이나 비만 치료를 위해서 병원을 찾거나 환자의 보호자로 만났다가 우울이 크게 의심되어 검사한 경우지요.

검사 결과 심각한 우울을 보일 경우, 검사 결과를 설명해도 그들은 쉽게 받아들이지 않습니다. 오히려 세상에 우울하지 않은 사람이 어디 있느냐, 한 번쯤 죽고 싶지 않은 사람이 누가 있느냐며 우울에 대한 상담이나 약물치료를 거부할 정도로 자신의 마음을 돌보는 데 무심합니다.

우울의 주요 증상 점검하기

우울증상을 이해하고 도움이 필요한 때를 빨리 알아차리는 게 중요합니다. 우울장애의 증상은 슬프고 공허하거나 과민한 기분, 여기에 개인의 기능 수행 능력에 영향을 주는 신체적, 인지적 변화를 동반하지요.

주요우울장애는 대표적인 우울 질환으로 아래의 진단기준 9개 중 5개 이상의 증상을 2주 이상 보이고, 반드시 우울한 기분 또는 흥미나 즐거움의 저하를 포함해야 해요. 또한 여러 증상이 있다고 무조건 진단하는 게 아니라 증상으로 인해 일상생활에 지장이 뚜렷해야 진단할 수 있어요. 정확한 진단은 전문가와의 상담이 필수적이나 각 증상에 대한 설명을 살펴보며 스스로 우울의 정도를 점검해보세요.

1. 우울한 기분은 슬픔, 희망이 없다고 느껴짐, 실망스러움, 의기소침함, 만사 귀찮음, 아무 느낌이 없는 것 등으로 나타난다. 큰 불안감으로 드러나기도 한다. 매우 예민해져서 쉽게 화를 내거나 분노를 터뜨리거나

타인을 비난하거나 민감하고 공격적이거나 사소한 문제에 지나치게 좌절을 느낀다. 아동이나 청소년은 슬프고 낙담 되는 기분보다는 지나치게 민감하거나 까다로워지는 경우가 있다.

2. 대부분의 우울증에서 흥미나 즐거움의 상실이 나타 난다. 취미에 대한 흥미가 감소하거나 더는 관심이 없으며 이전에 즐겁게 했던 활동에서도 즐거움을 느 낄 수 없다. 성적인 욕구도 떨어진다. "만사가 재미없 다", "즐겨 보던 예능 프로그램을 봐도 재미가 없다" 라는 말을 자주 한다.

3. 식욕 및 체중의 변화를 보인다. 식욕이 떨어져 억지로 음식을 먹거나 잠시 기분을 나아지게 하는 특정한 음 식을 갈망하게 되는데, 대표적으로 달콤한 음식이나 탄수화물이 당긴다. 이런 식욕의 변화로 체중이 감소 하거나 증가하기도 한다.

4. 수면의 변화가 나타나 잠을 못 자거나 너무 많이 잔다. 잠들기 어렵거나 중간에 깨면 다시 못 자거나 일찍 깨어 다시 잠들기 어렵다. 반대로 자도 자도 피곤해서 평소보다 훨씬 더 많이 잠을 자기도 한다.

5. 정신운동 변화가 정신운동 초조나 지연(遲延)으로 나타난다. 초조의 경우에는 계속 앉아있지 못하거나 안절부절못하며 걷거나 손을 꽉 쥐거나 계속 뭔가를 문지른다. 지연의 경우에는 말이 느려지거나 몸을 느릿느릿 움직이거나 대답하기 전에 침묵의 시간이 길어지거나 말하는 목소리가 작아지거나 말수가 줄고 말이 없어지는 등 타인이 알아챌 수 있을 정도가 된다.

6. 에너지 레벨이 떨어진다. 별다른 활동을 하지 않아도 피곤해하고, 사소한 일을 하는 데도 큰 노력이 들어간다. 예를 들면, 아침에 씻고 옷 입는 것이 힘들어 평소보다 출근 준비 시간이 두 배로 걸린다.

7. 사고력과 집중력이 떨어진다. 생각하고 집중하고 사
   소한 결정을 내리는 게 힘들다. 산만해지거나 기억력
   이 떨어진다. 지적으로 높은 수준에 있던 사람이 평소
   하던 일을 어려워한다. 아이들은 갑작스러운 성적 저
   하를 보이기도 한다. 젊은 사람의 경우 ADHD(주의
   력결핍 과잉행동장애)를 의심하고, 나이가 들었다면
   치매 초기 단계를 걱정하며 병원을 찾는다. 그래서 우
   울이 '가성 치매'로 불리기도 하는데, 이런 경우 우울
   이 치료되면 기억력은 대부분 호전된다.

8. 무가치함이나 죄책감을 보인다. 자신의 가치에 대한
   비현실적인 부정적 평가 또는 과거에 실패했던 사소
   한 일에 대한 집착이나 반추를 포함한다. 사소한 일
   도 자기 탓을 하고 과도한 책임감을 보이며, 죄책감
   을 넘어 죄책 망상을 보이기도 한다.

9. 죽음을 생각하고(thought of death), 자살을 생각하
   고(suicidal ideation), 자살을 시도(suicide attempt)

한다. 아침에 일어나고 싶지 않다는 생각이나 내가 죽는 것이 타인에게 나을 거라는 생각, 극복할 수 없는 장애물 앞에 있는 기분, 고통스러운 기분을 끝내고 싶은 강렬한 소망이 자살 사고의 원인이 되기도 한다.

〈DSM-5 정신장애 진단 및 통계 편람〉 참고

위 9가지 항목 중 5가지 이상에서 어려움을 겪고 있으며 이로 인해 사회적, 직업적, 또는 다른 중요한 기능에서 현저한 어려움이 있으면 우울증을 강력하게 의심해봐야 합니다.

'기능의 어려움'이란 생활에 지장이 생기는 것을 말해요. 매일 아침 출근 준비가 어려워 출근이 늦어지거나 전에 한 시간이면 했던 공부에 두세 시간이 걸리거나 만사가 귀찮아 자주 만나던 친구를 전혀 만나지 않는다면 생활에 지장이 생겼다는 신호입니다.

가벼운 우울의 경우, 잘 지내는 것처럼 보일 수는 있지만 그런 상태를 유지하기 위해 상당한 노력을 해야 합니다.

위 증상들로 본인이나 가족의 생활에 어려움이 있다면 꼭 전문가를 찾아 상의하세요. 우울이 삶에 꼭 나쁜 역할만 하는 건 아닙니다. 치료를 잘 마친 환자에게 그동안의 치료가 어땠는지 물으면 "힘들었지만 보람찼어요"라고 웃으며 대답합니다. 심지어 "우울을 겪게 된 것에 감사해요"라고도 하지요.

처음에는 왜 우울이 찾아와 자기를 고통스럽게 하고 낙담시키며 삶을 정체시키는지 억울하고 화도 났지만, 치료 기간 중에 자기 자신을 챙기고 돌보는 법을 알아가며 스스로를 아끼게 되었고 심지어 이전보다 더 행복해진 것 같다고 말하기도 해요.

오늘 하루 당신은 무엇에 신경 쓰고 무엇을 살피며 지냈나요? 내 마음이 보살펴달라고 하지는 않는지 한번 살펴봐 주세요.

어떻게 우울에서 회복될 수 있을까

누구나 우울증을 앓을 수 있다는 면에서 우울증을 '마음의 감기'로 표현하곤 하지요. 이것이 우울증에 대한 편견을 거두는 데 한몫하는 것 같아요.

하지만 우울의 회복 과정은 2주일 정도면 자연스럽게 회복되는 감기와는 좀 다릅니다. 그래서 누구나 한 번쯤 경험하는 흔한 '우울감' 정도를 마음의 감기에 빗대는 게 적절한 것 같아요.

우울증 수준의 우울은 2주일 이상 한 사람의 삶의 기능에 지장을 주는 어려움이 지속되어야 진단이 가능해요. 그래서 우울증은 폐렴이나 결핵에 비유하는 게 더 적당합니다.

실제로 우울증의 치료와 폐렴 혹은 결핵의 치료가 닮은 부분이 있어요. 잘 치료하면 완전하게 회복되는 경우가 많지만 치료받지 않으면 생명을 잃어버릴 수 있는 위험한 질환이지요.

우울증도 잘 치료하면 대개 3개월 안에 회복되지만 그렇지 않으면 평균 6개월에서 1년 정도 지속됩니다. 뿐만 아니라 잘 치료받지 않을수록 재발도 잦고 많이 재발할수록 치료 기간도 길어지며 증상도 심해져서 생명을 잃을 수 있는 수준의 고통을 겪습니다.

이런 우울증에서 어떻게 회복될 수 있는지 몸 돌보기, 마음과 환경 돌보기, 영성 돌보기로 나누어 구체적으로 살펴볼게요.

몸 돌보기 1– 잘 자고, 잘 먹고, 움직이기

흔히 우울증을 '마음의 병'이라 하여 몸을 돌보는 게 얼마나 중요한지 간과하는 경우가 많습니다. 하지만 우울증은 전반적인 건강을 악화시키는 질환이고, 역으로 전반적인 건강이 회복되어야 잘 낫는 병이지요.

그래서 정신과 외래진료나 입원 치료 시에 "마음이 어때요"보다 더 자주 듣는 질문이 바로 "잘 잤나요", "요즘 식사는 잘하나요", "약 잘 챙겨 먹었나요"입니다. 운동을 하고 있는지도 아주 중요한 질문이지요. 바로 잘 자고, 잘 먹고, 몸을 움직이는 것이 우울증 회복의 기본이기 때문이에요.

: 잘 자기

우울증이 있는 사람의 대부분이 불면으로 고통받아요. 잠들기도 어렵고, 잠들더라도 자주 깨며, 새벽에 일찍 깨서 다시 잠들지 못하는 경우가 많지요. 반대로 긴 시간 불면에 시달려 건강을 잃으면서 우울증이 따라오기도 합니다.

잘 자는 건 전반적인 건강과 직결돼요. 잠을 잘 자야 몸과 마음의 에너지를 충전할 수 있거든요. 굳이 불면증이 아니어도 시험 준비, 새벽 스포츠 경기 시청 등으로 밤샘을 하면 다음 날 컨디션과 생활 전반에 큰 영향을 미칩니다.

잠을 잘 자기 위해서는 일단 잘 수 있는 시간을 충분히 규칙적으로 확보해야 해요. 당연한 말 같지만 생각 외로 충분한 잠이 필요해도 시간을 확보하지 못하는 경우가 많습니다. 많은 일을 처리해야 하거나 수험생이라 많이 자는 것을 부정적으로 생각하거나 자주 깨는 어린아이를 돌봐야 하는 경우지요.

하지만 좋은 상태로 8시간 동안 즐겁게 일하는 것이 피곤에 시달리며 최악의 상태로 밤샘을 하는 것보다 좋은 결과를 만들 수 있어요. 길게 보면 일이든 공부든 몸과 마음의 상태를 잘 조절하는 게 더 유리하지요. 아이를 돌봐서 잠이 부족하다면 오전 중에 잠깐 잘 시간을 비워놓거나 배우자와 상의하여 번갈아 돌보며 이틀에 한 번은 깨지 않고 푹 자는 환경을 만드는 게 좋아요.

잘 수 있는 시간과 환경을 마련해도 생활습관의 잘못으로 불면이 오는 경우가 있어요. 예를 들면, 스마트폰을 침대로 가져가 이것저것 보면서 잠이 오기를 기다리는 거예요. 빛을 보면 오던 잠도 달아납니다. 잠자리에 들기 직전까지 스마트폰을 보는 건 깊은 수면에 가장 큰 방해 요소입니다.

불면증이 심하면 수면 보조제의 도움을 받을 수 있어요. 습관성이 없는 약부터 습관성이 있어 주의가 필요한 약까지 다양해요. 주의할 것은, 습관성이 없는 약도 개인마다 다른 효과와 부작용을 보이므로 잘 맞는 약을 찾아야 합니다.

전문의의 상담을 받아 가장 적당한 수준의 약을 복용하다가 차근차근 약을 감량하는 게 좋아요.

: 음식도 약도 잘 먹기

우울증에서 회복되기 위해서는 잘 먹어야 합니다. 건강한 식사를 규칙적으로 챙기는 게 중요하지요. 건강한 식사의 중요성은 우울증뿐 아니라 모든 정신건강과 신체건강의 문제에 있어서 몇 번을 강조해도 부족하지 않습니다.

흔히 우울증을 치료할 때 "어떤 음식이 우울증에 좋은가요"라고 물어요. 어떤 질환에는 어떤 식재료가 좋다는 방송을 많이 접해서 우울증에도 도움되는 음식이 있을 거라고 기대하는 것 같아요.

저는 균형 잡힌 세 끼 식사가 보약이라고 말하고 싶어요. 무엇보다 우리 몸이 세로토닌을 만들기 위해서 필요한 아미노산인 '트립토판'이 풍부하게 들어있는 콩, 달걀, 생선 등과 오메가-3가 풍부하게 함유된 등 푸른 생선과 견과류, 비타민 B군 등의 비타민과 미네랄 섭취가 필요해요. 또 세로토닌이 대부분 합성되는 장내 환경을 건강하게 하는 유산균 섭취도 도움이 되지요.

하지만 특정 음식을 주로 섭취하는 방법으로 우울증의 회복을 기대하는 건 좋지 않습니다. 우울증이 오면 식욕이 없어져서 평소 식사량의 반도 먹기가 힘들어요. 따라서 입맛이 너무 없을 때는 평소 좋아하던 여러 음식을 골고루 준비해 환자가 매끼를 거르지 않고 잘 먹도록 돕는 게 좋습니다.

식사를 챙겨줄 보호자가 없다면 스스로 챙겨야 해요. 무기력하다고 인스턴트 음식 위주로 먹는 건 좋지 않아요. 산책 겸 근처 식당을 찾아 건강하고 맛있는 식사를 하며 스스로를 챙겨야 합니다.

반대로 우울이 찾아왔을 때 식욕이 조절되지 않고 자극적인 음식이나 단 음식이 당겨 고칼로리, 고지방, 고당분 음식을 폭식하는 경우가 있어요. 하지만 그렇게 해서 기분이 나아지는 건 잠시예요.

또한 약을 잘 챙겨 먹는 게 어떤 음식을 먹는 것보다 중요합니다. 실제로 우울을 회복할 수 있는 가장 쉬운 길이 약을 꾸준히 잘 복용하는 거지요. 우울의 주요 원인 중 하나가 신경전달물질의 불균형임을 생각할 때, 약을 잘 챙기는 건 직접적으로 건강을 돌보는 아주 중요한 일이에요. 약은 '몸 돌보기 2 – 정신과 약물'에서 더 자세히 살펴볼게요.

: 건강을 챙기는 생활습관 기르기

잘 자고 잘 먹는 것 외에 중요한 게 바로 운동이지요. 몸의 움직임은 마음도 움직이게 도와줘요. 하지만 우울증이 심하면 무기력하고 에너지가 없어 나갈 준비를 하는 것 자체가 어렵지요. 심지어 씻을 기력도 없어 며칠째 씻지 못하기도 해요. 이런 사람에게 운동을 해야 건강이 회복되니 의지를 가지라고 충고하는 건 오히려 상처가 될 수 있어요. 몸과 마음이 따라오는 선에서 최선을 다하는 게 좋습니다.

집안에서 한 발자국도 못 나갈 것 같은 상태라면 창가에서 햇빛을 보면서 제자리걸음을 10분 정도 해보세요. 더 좋아지면 낮에 동네 산책을 해보고, 더 좋아지면 30분에서 1시간 정도 햇볕을 쐬며 동네 공원을 걸어보세요. 일주기 사이클에 도움을 주어 건강을 정상화시킵니다.

건강이 더 회복되면 운동을 하나 등록해서 꾸준히 하는 것이 우울증 회복뿐 아니라 예방에도 큰 도움이 돼요. 실제로 진료하다 보면 "에어로빅과 수영이 나를 버티게 해줬어요"라는 말을 들어요. 습관화된 운동은 삶의 어려운 순간에 버틸 힘을 줍니다.

운동뿐 아니라 몸을 이완시키는 생활습관을 만드는 것도 중요해요. 이완은 그 자체로 스트레스와 긴장 완화에 큰 도움이 되기 때문입니다. 꾸준히 활동할 에너지가 없다면 마사지를 받으며 편안한 시간을 갖거나 사우나에서 따뜻한 물에 몸을 담그는 것도 좋아요.

저는 기독 정신과 의사로서 우울증을 앓는 성도가 앞서 말한 것들을 주님 안에서 평안으로 누렸으면 좋겠어요. 신앙 생활에 마음을 많이 둔 사람일수록 우울이 왔을 때 죄책감을 느끼며 우울한 자신을 보듬기를 어려워하는 경우가 많아요.

하지만 우리는 하나님의 일을 하는 사람이기 전에 하나님의 값없는 사랑을 받은 '자녀'입니다. 우리에 대한 하나님의 사랑은 신실하고 변함이 없으며 우리가 아플 때에도 우리를 돌보아주신다는 진리를 믿으세요.

심한 우울에 걸리면 '하나님이 나를 사랑하신다'는 사실조차 의심합니다. 하지만 우리가 감정적으로 믿지 못하는 순간에도 그분의 사랑은 진리입니다. 그 진리 그대로 믿어지게 해달라고 기도하며 평안을 누리세요.

지나고 보면 정말 피하고 싶었던 그 절망의 시간이 오로지 하나님의 은혜로만 살고 은혜로만 회복된 소중한 경험이 되기도 하니까요.

몸 돌보기 2 – 정신과 약물

주치의와 상의 없이 약을 스스로 중단하고 힘들어져 진료실을 다시 찾는 사람들이 있어요. 약을 끊은 이유를 물어보면 이런 이야기를 많이 하지요.

"주변에서 우울증을 의지로 극복해야 한다는 이야기를 많이 해서요."

"신앙으로 극복을 못 하고 약에 의존하는 제가 한심하게 느껴졌어요."

"약 먹는 것에 죄책감이 들더라고요."

"부모님이 정신과 약에 의존하지 말라고 화를 내세요."

정신과 진료에서 약에 대한 상의는 아주 중요한 부분을 차지해요. 그래서 약을 복용하기 시작할 때, 바꿀 때, 중단할 때도 상의가 필수입니다. 정신과 의사는 전문의 수련 과정에서 정신과 약물에 대해 집중적으로 공부합니다. 또한 많은 사람에게 약을 직접 처방하며 약의 효과와 부작용에 대한 임상 경험을 해요. 약에 대한 정보를 환자보다 더 많이 알 수밖에 없지요.

하지만 약에 대한 상의는 일방적이어서는 안 됩니다. 상의의 주체는 의사와 환자 양쪽 모두가 되어야 하지요. 약은 사람에 따라 효과와 부작용이 조금씩 다릅니다. 심지어 같은 성분이라도 각자의 특성에 따라 용량, 용법 등을 맞춰야 하지요.

효과와 부작용을 떠나 약에 대한 생각도 사람마다 달라요. 그래서 가능하면 의사는 정신과 약물에 대해 전문가로서 의견을 줄 뿐 아니라 약에 대한 각 환자의 생각을 듣고 존중해야 하지요.

예를 들어 몇 달 더 약을 유지하면 치료와 예방에 도움이 될 것 같아도 환자가 되도록 빨리 끊기 원하면 일찍 중단하기도 해요. 물론 다시 힘들어졌을 경우 어떻게 할지도 상의해요. 반대로 약을 끊어도 될 것 같아도 환자가 환경이 조금 더 안정된 다음에 끊고 싶다고 하면 더 유지하기도 하고요.

마음건강이 상했을 때의 치료법은 몸의 건강이 상했을 때와 다르지 않습니다. 신체적, 정신적, 사회적, 영적 건강을 모두 챙기는 게 가장 좋은 치료법이지요.

약을 잘 챙겨 먹고, 건강한 식사와 운동으로 신체를 돌보며, 상담치료를 꾸준히 받고, 보호자가 관심을 갖고 같이 상의하여 회복에 힘을 더하며, 좋은 사회적 환경이 허락되고, 신앙생활로 영적인 건강을 챙길 수 있다면 가장 좋겠지요. 하지만 모든 사람에게 이런 치료 상황이 열리지는 않습니다.

경제적으로 어렵거나 주변에서 치료에 대해 잘 이해해주지 못한다면 가능한 선에서 최선을 다해야 해요. 그래서 조금 천천히 회복되더라도 약물 없이 상담치료만 받기를 선호하는 사람은 상담만 받기도 합니다. 반대로 약 처방만을 원하는 이에게는 약 처방만 할 수도 있고요. 어떤 경우든 의사는 도울 수 있는 부분에 최선을 다합니다.

하지만 가끔은 환자 본인 또는 가족이 약을 끊기를 강력하게 원해도 의사가 간곡하게, 환자 입장에서는 단호하게 들릴 정도로 약을 유지해달라고 말하는 경우가 있어요. 이는 약물치료가 도움이 되는 정도가 아니라 아주 기본적이고 필수적인 경우지요. 약을 꾸준히 복용하라고 권유할 때 정신과 약에 대한 오해와 편견으로 이런 질문을 자주 받습니다.

Q. 선생님 가족이어도 정신과 약을 먹이시겠어요? 정신과 의사 입장에서 말고 신앙을 가진 가족의 입장에서요.

A. 제 가족이어도 약을 잘 챙기겠습니다. 환자가 약을 끊고 싶다고 하는데도 약을 유지하도록 권할 때는 당연히 제 가족이어도 약물치료를 꼭 병행해야 하는 경우예요. '제 가족이라면' 당연히 더 잘 챙겨야지요.

저는 개인적으로 기도만으로도 불치의 암이 나을 수 있다고 믿습니다만, 제 가족이 암에 걸리면 기도만 하지는 않을 거예요. 기도하며 좋은 치료법을 같이 찾아보겠지요. 기도로 불치의 병이 낫는 특별한 은혜가 모두에게 허락되는 건 아니니까요.

꼭 기적적인 방법이 아니어도 일반적인 은혜 또한 구하지 않나요? 수술하는 의사의 손과 약을 통해 일반적인 방법으로 공급하시는 도움도 구하지요. 정신과 치료도 이와 다르지 않습니다.

Q. 신앙에 문제가 있거나 기뻐하지 못해서 우울한 게 아닌가요? 약물치료보다 신앙과 의지로 극복해야 하는 것 아닌가요?

A. 아픈 건 아픈 거예요. 신앙이 있다고 해서 암에 안 걸리거나 끔찍한 사고를 피해 가는 게 아닌 것처럼요. 아플 때 지혜로운 태도는 상황을 있는 그대로 온전히 수용하고 낫기 위해 최선의 방법을 찾는 것입니다.

물론 약물치료를 하지 않고 다른 노력만으로 좋아지는 경우도 있어요. 예를 들어 경한 당뇨전단계라서 운동하며 식사를 조절하면 약 없이도 당이 조절되는 경우지요. 하지만 중한 당뇨로 당조절이 전혀 되지 않아 가끔 의식까지 잃는 사람에게 입원 치료나 약물치료 없이 의지와 신앙으로 극복하라는 가족은 아마 없을 거예요. 그는 필요하면 입원도 하고 약물치료도 해야 해요.

그런데 정신적 어려움을 가진 환자가 도저히 의지로 극복할 수 없는 중한 상태임에도 스스로 극복하기를 강요받는 경우가 있어요. 그가 신앙이 있는 경우에는 주변에서 신앙으로 극복하라고도 하지요. 당뇨와 마찬가지로 경한 우울이나 불안일 경우에는 저도 약을 권하지 않아요. 대부분 자연스럽게 좋아지기 때문이지요. 하지만 아무리 애써도 우울, 불안, 폭식이 나아지지 않는 경우가 있어요.

이럴 때 더 힘을 내서 극복하라는 말은, 있는 힘을 다 쓴 환자에게 상처가 됩니다. 심지어 심한 망상이나 환청에 시달리는 환자에게조차 신앙과 의지로 극복하라고 하는 경우가 있어요. 이럴 때는 가족이 따뜻하게 감싸며 필요한 도움을 주면 큰 힘이 됩니다. 때로는 약물치료를 적극적으로 지지하는게 가장 큰 도움이 될 수 있어요.

약물치료의 도움을 받은 사례를 소개합니다. 40대 남자인 조천 씨는 화가 나면 스스로 조절할 수 없다며 내원했어요. 치료하면서 보니 우울 불안이 있었고 자기 감정을 이해하고 표현하는 데 서툴렀지요. 그러다 보니 불편한 감정을 꾹 참고 지내다가 갑자기 화로 표출하곤 했어요.

처음에는 그의 동생이 진료실에 함께 방문해 형이 얼마나 무서운 사람인지 열심히 설명할 정도였어요. 하지만 상담치료와 소량의 항우울제로 치료를 하면서 보니 조천 씨는 성정이 매우 따뜻한 사람이었지요. 약물치료를 어느 정도 받은후에 그는 "제게 약은 성벽의 돌 같아요. 저를 외부의 자극으로부터 지켜준다는 느낌이 들어요"라고 했습니다.

혜진 씨는 둘째를 낳고 산후 우울로 내원했습니다. 그녀는 첫째 때도 산후 우울로 고생했는데 그저 자신에게 육아가 유난히 힘들다고만 여기며 지나갔다고 했어요. 둘째를 낳고서도 비슷한 어려움을 겪다 보니 도움을 받아야겠다는 생각이 들었다고 해요. 아이를 맡길 곳이 없어 상담치료가 어려웠는데 감사하게도 약물 복용만으로 빠르게 회복했지요.

"제가 이렇게 좋은 엄마인지 전혀 몰랐어요. 치료받기 전에는 아이가 곁에 오는 것조차 귀찮게 느껴졌는데 그때는 너무 아프고 기력이 없어서 그랬던 것 같아요."

약을 잘 챙겨 먹으니 받쳐주는 힘이 생기는 것 같다며 첫째 때 산후 우울로 혼자 고생한 게 아쉽다고 말했지요.

이처럼 회복을 기도로 구하는 것, 잘 먹고 잘 자고 운동하는 것, 꾸준히 외래 치료를 받는 것, 전문 상담치료를 받는 것뿐 아니라 약을 잘 챙기는 것 또한 하나의 전략이고 무기일 수 있습니다.

마음과 환경 돌보기

우울증에는 몸(bio), 마음(psycho), 환경(social) 그리고 영적인(spiritual) 요인들이 복합적으로 작용하며, 이들 간의 상호작용도 큰 영향을 미치지요.

예를 들어 폐경이 되면 호르몬의 균형이 깨지고(몸의 요인) 마음이 공허하며 기분이 처지는데(마음의 요인) 아이는 사춘기라 말을 듣지 않아요(환경적 요인). 예전에는 아이와 대화로 잘 풀던 문제였는데 엄마가 자꾸 짜증을 내니 아이는 더욱 말을 듣지 않고 화를 자주 냅니다. 결과적으로 더욱 우울해지지요.

반대로 어느 요인이 좋아지는 것을 시작으로 선순환하여 우울증이 회복되기도 해요. 꾸준한 운동으로 몸이 회복되면서 마음이 밝아지기도 하고, 스트레스를 받던 환경을 조금 변화시키면서 기분이 좋아지기도 해요.

우울증은 어느 한 요인만이 아니라 몸과 마음과 사회 환경적 요소가 복잡하게 얽혀 견딜 수 있는 역치를 넘었을 때 찾아옵니다. 따라서 마음뿐 아니라 다른 요소도 잘 챙겨야 건강을 회복할 수 있어요.

우울증에서 회복하는 방법 중 먼저 몸 돌보기와 정신과

약물에 대해 다뤘어요. 다음으로 마음과 환경의 요인, 다른 말로 심리 사회적(psycho-social) 요인을 살펴볼게요.

우리 삶에 고통스러운 사건이 발생하면 우울에 큰 영향을 미칩니다. 우울증이 처음 발병하기 전에 스트레스를 크게 받는 사건을 만나는 경우가 많습니다. 상처, 트라우마가 우울증이 생기는 것 자체에 결정적인 영향을 미친다는 견해도 있고, 우울이 언제 발생할지 등에 제한적 역할을 한다는 견해도 있어요. 하지만 무엇보다 스트레스가 우울의 중요한 요인임은 잘 알려져 있지요.

그중에서도 어린 시절에 부모를 잃은 게 매우 큰 환경적 요인으로 알려져 있어요. 또 배우자를 잃은 것, 실직 등도 연관이 큽니다. 반면에 큰 충격이 아님에도 작은 일들이 쌓여 영향을 주는 경우가 있지요. 큰 상처든 작은 상처든 자존감에 손상을 주는 상처일 경우에 우울이 더 잘 나타나기 때문에 전문가는 사건의 크기를 절대적인 관점으로 재지 않고 그 스트레스가 환자에게 주는 심리적인 의미를 봅니다.

에드워드 비브링(Edward Bibring)은 이상과 현실의 괴리를 우울의 요인으로 보기도 했지요. 개인적으로 현대인의 우울을 설명하는 데 도움이 많이 되는 이론이라고 생각해요.

행복은 '내가 바라는 것(이상)분의 내가 가진 것(현실)'이라는 공식이 있어요.

$$행복 = \frac{내가\ 가진\ 것(현실)}{내가\ 바라는\ 것(이상)}$$

내가 가진 게 많을수록 행복과 가까워질 수 있지만 내가 바라는 것이 너무 커지면 가진 게 많아도 행복과 멀어져요. 요즘처럼 미디어나 인터넷이 발달하기 전에는 비교 대상이 기껏해야 고만고만한 동네 친구들이었어요. TV 속 누군가가 얼마나 큰 풍요를 누리며 잘 먹고 잘살고 있는지 알지 못했지요.

하지만 지금은 자기 삶을 TV나 SNS 속 누군가와 비교하는 시대입니다. 이상은 높아지는데 현실을 바꾸는 건 그리 쉬운 일이 아니지요. 실제로 진료실에 온 10-20대들이 로또에 당첨돼도 집 한 채 못 사기에 삶에 희망이 없다고 말합니다. 기준이 이렇다면 어떤 일자리에도 만족할 수 없지요.

외모의 기준을 TV 속 연예인에 맞추어놓고 자신의 외모를 비하하며, 자신이 정해놓은 높은 기준에 끼워 맞추려 무리한 성형과 다이어트로 스스로를 학대하는 환자도 만납니다. 제가 환자들에게 SNS 단식을 권하는 이유지요.

이처럼 사회 환경 요인도 우울에 큰 영향을 미쳐요. 우리는 환경에 영향을 주고받는 존재입니다. 어떤 직장에 다니는지, 업무량은 적당한지, 지나친 스트레스를 받지 않는지도 중요하지요. 학생이라면 학교 환경이 중요한 건 두말할 것도 없지요. 공부 스트레스뿐 아니라 학교 내에서 친구들과 잘 지내는지, 학교에서 따돌림을 받고 있지 않은지도 매우 중요합니다.

가족 환경도 매우 중요합니다. 부모님, 배우자, 자녀에게 삶의 어려운 일을 상의하며 위로받고 있는지, 반대로 가족 자체가 스트레스 요인인지에 따라 큰 차이가 있어요. 친구나 교회 지인들도 중요해요. 힘을 주는 사람들이 주변에 있는 것과 없는 건 우울증의 시작과 회복에 큰 영향을 미치기 때문이에요. 우울에 영향을 주는 마음과 환경의 요인만 간단히 살펴보아도 무척 복잡하지요. 한 사람의 마음에 영향을 미치는 여러 요인과 이 요인들의 상호작용을 명확히 이해하는 건 거의 불가능할 거예요.

이 복잡한 사람의 몸과 마음과 환경의 강점과 약점, 그의 지난 상처 등 모든 걸 아시는 이는 다만 사람을 창조하시고 그의 날을 샅샅이 알고 계신 하나님뿐이에요. 우울증뿐 아니라 그 어떤 어려움도 사람인 우리는 다 이해할 수 없기에 함부로 판단해서는 안 돼요. 그저 우리가 할 수 있는 것에 전념할 뿐이지요.

그럼 우리가 할 수 있는 일은 뭘까요? 가장 먼저 부탁하고 싶은 것은, 적극적으로 도움을 받았으면 좋겠어요. 우울에서 벗어나려고 애쓰는 걸 혼자 힘으로 하려고 하지 마세요. 도움을 받아야 할 때 도움을 받는 것도 큰 용기이며 자원입니다.

: 전문가의 도움 받기

우울로 일상생활이 어렵다면 꼭 정신과 전문의를 만나 약물치료가 필요하지는 않은지 상의하기를 권합니다. 약 처방뿐 아니라 주치의 자체가 좋은 지지환경이 될 수 있어요.

또한 정신과 전문의나 상담 전문가를 만나 치료를 받고 스스로를 더 이해하면 좋겠어요. 각자 다른 학문의 기반을 갖고 있어 상담 형태는 다를 수 있지만, 어떤 상담을 받느냐보다 이를 통해 마음을 살펴보려는 시도 자체가 중요하다고 생각합니다.

상담치료는 내 마음이라는 크고도 깊은 세상에 작은 창을 하나 내는 거예요. 그 창의 모양과 마음을 바라보는 방향은 상담의 종류에 따라 다르지만 창을 내어 꾸준히 살펴보는 것만으로도 마음은 큰 위로를 받아요.

정신과 전문의가 직접 상담하는 상담센터를 찾아도 좋고, 정식으로 학위를 받고 수년 이상 수련으로 자격을 취득한 상담가를 찾아보는 것도 좋아요.

자신이 잘 도울 수 있는 내담자가 누구인지 알고 있고, 필요한 경우에는 해당 전문분야 수련을 받은 전문가에게 의뢰하는 지혜를 가진 상담가가 좋습니다. 예를 들어 꼭 약물치료를 병행해야 하는 조현병 환자의 경우, 상담만으로 완치가 가능하다고 광고하는 상담가를 피해야 해요. 또 한두 번의 상담만으로 어려움을 해결해줄 수 있다고 단언하는 상담가도 조심해야 합니다.

: 믿을 만한 사람에게 마음을 터놓고 도움 청하기

먼저 우울을 표현하세요. 주변에 우울을 표현하는 사람이 있다면 잘 들어주세요. 낙담한 모습도 존재 자체로 귀하다고 말해주세요.

"당신, 지치면 무리하지 마. 내게는 당신이 더 중요해."

때로 배우자의 이 말 한마디에 큰 힘을 얻습니다.

: 교회 공동체가 지지체계가 되어주기

기도제목을 나눈다는 이유로 기도는 해주지 않고 소문만 내는 일은 하지 않았으면 좋겠어요. 우울한 성도는 작은 상처에도 마음이 무너질 수 있거든요. 우울한 성도가 자신의 우울을 꺼내는 건 정말 큰 용기를 낸 거예요. 함부로 그의 우울을 정죄하거나 퍼뜨리지 말고 진심으로 중보해주세요.

: 스스로 돌보기

처음에는 자기가 우울한 이유를 찾지 못하다가 치료받으며 점점 자신의 몸과 마음에 관심을 갖게 되어 작은 변화에도 능동적으로 대처하는 환자를 봅니다.

"갑자기 우울이 밀려왔어요. 찬찬히 살펴보니 제가 지난주에 회사 일로 바빠서 몸이 얼마나 힘든지 알아채지 못한 채 무리를 많이 했더라고요. 점심도 일하면서 때우다시피 하고요. 그래서 이번 주에는 혼자라도 맛있는 걸 챙겨 먹고, 음료 한 잔 들고 잠깐이라도 햇볕 받으며 산책하고, 숨을 돌린 다음에 회사에 들어갔어요."

"아침에 일어났는데 머리가 너무 아팠어요. 실은 요즘 딸이 예민해서 제게 함부로 말하거든요. 상처를 많이 받았나 봐요. 아무렇지 않은 척하고 싶었던 것 같은데, 엄마도 서운한 점이 있다고 딸에게 부드럽게 표현을 하고 나니 두통이 좀 가라앉았어요."

이처럼 환자가 스스로를 잘 살필 때 주치의로서 큰 보람을 느끼지요.

: 환경에 작은 변화 주기

평소 좋아하는 운동이나 취미생활을 하는 등 스트레스를 덜어내는 작은 습관을 유지하는 것도 중요해요. 힘들어도 무조건 운동하러 나갔더니 우울을 회복하는 데 큰 도움을 받았다는 이야기를 자주 들어요.

그래서 저는 조금 무리하더라도 그동안 하고 싶었는데 시간과 돈이 없어서 못 했던 작은 취미생활을 시작하도록 강권하기도 해요. 크게 보면 내 건강을 먼저 회복하는 게 더 큰 돈이 들어갈 일을 막아줍니다.

위 내용은 우울 치료에도 유익하지만 예방에도 큰 도움이 돼요. 마음을 살펴보는 상담에 시간과 비용을 투자하세요. 삶에 더욱 큰 열매로 돌아올 거예요.

사랑하는 사람들과 더 많이 시간을 보내세요. "사랑한다. 고맙다. 미안하다"라고 말하지 않아도 알아주기를 바라지 말고, 가까울수록 더 표현하세요.

너무 무리한 환경에 스스로를 두지 말고 필요하다면 적극적으로 환경을 변화시키세요. 운동과 취미에도 관심을 가지세요. 자신의 몸과 마음과 환경을 잘 살펴주세요. 어느 날 무시했던 내 마음에 역습 당하지 않기를 응원합니다.

영성 돌보기

"선생님, 우리 애가 왜 이런 병에 걸렸나요?"

"왜 제게 우울증이 왔을까요?"

진료실에서 정말 많이 듣는 질문이에요. 특히 신앙이 있는 분들이 이런 질문을 많이 해요. 신앙과 의지는 우울증뿐 아니라 정신과 신체의 건강 유지와 상한 건강을 다시 회복하는 데 중요하지요.

신앙인이라면 늘 감사하며 기뻐하는 삶의 태도를 가져야 함은 맞습니다. 하지만 일상생활이 어려워 내원했다가 우울증을 진단받은 환자는 몸과 마음의 자원이 명백히 고갈되어 치료가 필요한 상태지요.

삶의 어려운 시기를 만났을 때는 고통의 이유를 찾기 위해 애쓰기보다 이를 신앙인으로서 어떻게 받아들이고 반응할지 결정하는 게 중요해요.

우리의 건강은 몸, 마음, 환경, 영적인 요소가 각각 영향을 미칠 뿐 아니라 그 사이의 복잡한 상호작용 또한 영향을 미칩니다. 쥐를 대상으로 한 우울증 동물 실험 모델인 '학습된 절망 실험'과 '강제 수영 실험'이 있어요.

학습된 절망 실험에서는 쥐를 도망가지 못하게 하고 계속 전기충격으로 큰 스트레스를 줍니다. 처음에는 쥐도 스트레스에서 벗어날 방법을 찾아 실험 상자 안을 열심히 다니지요. 하지만 충격이 지속되면 가만히 있어요. 학습된 절망과 무기력 때문이지요. 이후에는 전기충격을 멈춰도 잘 먹지 않고 잘 움직이지 않습니다.

이런 쥐를 대상으로 강제 수영 실험을 합니다. 쥐를 물에 빠뜨리고 언제까지 살기 위해 수영하는지 관찰해요. 학습된 절망 실험을 거친 쥐는 빨리 포기하는데, 이 쥐에게 항우울제를 계속 주입하면 학습된 절망 실험을 거치지 않은 쥐만큼 오래 수영해요. 이는 환경적 스트레스로 인한 생물학적 변화를 항우울제의 도움만으로 어느 정도 회복시킬 수 있다고 해석할 수 있어요.

이처럼 우울은 몸과 환경이 서로 영향을 주고받아 나타나요. 이와 유사한 실험을 통해 태생적으로 스트레스에 취약한 쥐와 잘 견디는 쥐가 있다고 알려져 있어요. 잘 견디고 극복하려는 힘을 의지의 일부라고 생각할 때, 사실은 의지 자체도 스스로 조절할 수 있는 게 아님을 알 수 있지요.

쥐 실험뿐 아니라 입양 연구, 쌍생아 연구 등에서도 우울증에 유전적 요인이 중요하다고 알려져 있습니다.

사실 사람의 경우에는 생물학적, 환경적 요인을 명확히 구분하는 게 어렵고 또 큰 의미도 없어요. 우리는 대부분 생물학적으로 가장 중요한 요소인 유전자를 물려준 부모님이 키우는 환경 속에서 자라지요. 따라서 생물학적, 환경적 요인 중 스스로 어쩔 수 없는 부분이 많습니다.

결론적으로 우리 몸과 마음과 환경적 스트레스가 우리가 견딜 역치를 넘어서면 우울증이 온다고 볼 때, 내 의지와 신앙으로 조절할 부분은 많지 않아요. 의지와 신앙으로 내 건강을 완벽히 조절할 수 있다면 창조자시며 주권자이신 하나님이 왜 필요할까요?

피조물인 내가 이해되지 않고 받아들이기 어려운 부분이 있어도 하나님의 주권을 인정하며 지금 할 수 있는 작은 일에 매일 최선을 다하는 태도가 더 귀합니다.

〈교회오빠〉라는 다큐멘터리 영화가 있어요. 주인공은 딸 하나를 둔 젊은 집사 부부지요. 이 영화의 영어 제목은 〈A Job Who Is near Us : 우리 곁의 욥〉입니다. 이 부부는 욥과 같은 고난을 경험해요. 아내 오은주 집사가 딸을 출산하자마자 남편 이관희 집사가 4기 대장암 진단을 받습니다.

그리고 남편의 항암치료가 종료된 지 일주일도 채 안 되어 아내도 4기 혈액암을 진단받지요. 이들은 상상할 수조차 없는 고난 속에서도 하나님께 고통의 이유를 묻기보다 신실하게 그분을 바라보기를 선택해요. 큰 병이나 예기치 못한 사고, 커다란 상실로 고통당하는 성도가 주님을 의지해 매일의 삶을 살아가는 모습은 그 자체로 큰 감동입니다.

암 환자가 질병 자체로 그의 신앙이나 인격을 평가받지 않는다면 우울증 환자도 마찬가지라고 생각해요. 그가 고통 중에도 하나님의 주권을 인정하고 신뢰하며 그분과 동행한다면 그 모습 자체로 존중받고 응원 받아야 하지 않을까요?

그런데 우울증 환자는 질병의 특성상 신앙생활을 잘하는 것으로 보이지 않는 경우가 많아요. 활동량이 줄고 무기력해지기 때문이지요. 신앙이 전과 같지 않아 보이거나 겨우 신앙을 포기하지 않는 수준으로 보일 때가 많아요.

하지만 판단은 주님이 하실 일입니다. 그의 우울증의 원인이 신앙과 의지의 문제인지, 또 그가 처한 상황에서 하나님을 사랑하고 있는지 아닌지를 판단하실 분은 오직 하나님이십니다. 그래서 저는 마음의 중심을 아시는 하나님이 오늘도 삶의 고통 앞에서 그분을 바라보려 애쓰는 이들을 위로해 주시길 간절히 기도합니다.

Part 2

아버지,
제가
─
마음이 아픕니다

1장

마음 돌봄이 필요한 당신에게

'주님, 주님이 나를 사랑하신다는 것을 믿습니다.

믿음 없는 나를 도와주십시오.'

인지적으로 믿어지지 않아도,

믿음 없음을 도와달라는 기도를

믿음 없는 것으로 여기지 않으실

하나님의 긍휼을 구하세요.

외마디 신음으로 기도할 힘도 없다면

어떻게 해야 할까요?

부디 버텨주세요. 버텨만 달라는 말조차

너무 잔인하게 느껴진다는 환자도 만납니다.

버티는 것만도 너무나 큰 믿음이 필요할 때가 있지요.

마음 돌봄 실전 연습

우리가 마음을 살피고 돌보는 방법은 다양합니다. 전자제품처럼 통일된 매뉴얼이 있는 것도 아니에요. 치료실 안에서는 환자, 치료자, 치료 시기, 치료 환경에 따라 다양한 방법이 사용돼요. 이 장에서는 특히 신앙인으로서 마음을 돌보는 방법을 구체적으로 다뤄볼게요.

유명한 요리연구가의 레시피처럼 실제로 쉽게 연습할 수 있는 방법을 소개하고자 합니다. 이 글을 쓰고 있는 저는 기독교 세계관을 갖고 있으며, 정신치료적으로는 수용전념치료와 마음 헤아리기의 맥락으로 치료하고 있음을 밝힙니다.

수용전념치료(ACT; acceptance and commitment therapy)는 수용과 마음 챙김, 전념과 행동의 변화를 통해 심리적인 유연성을 높이는 치료예요.

증상이나 불편감을 없애는 것에 초점을 맞추는 게 아니라 불편을 감내하며 어떻게 가치에 다가가는 삶을 영위할지에 중점을 두지요. 이것은 제 자신에게 적용해온 마음 돌보기 작전이기도 해요(수용·전념치료가 더 궁금하다면 Steven C. Hayes의 《마음에서 빠져나와 삶 속으로 들어가라》를 읽어보세요).

우리는 살면서 감당할 수 없을 만큼 고통스러운 문제를 만나기도 하고 마음이 조금 불편한 상황을 만나기도 해요. 다양한 문제들 앞에서 다음의 마음 돌보기를 연습하면 좋습니다.

> 1단계 : 있는 그대로 나/상대/상황 바라보기
> 동시에 하나님의 주권 인정하기
>
> 2단계 : 중요한 것과 중요하지 않은 것 구분하기
>
> 3단계 : 내가 어쩔 수 있는 것 하기
> 어쩔 수 없는 것은 다시 1단계로 돌아가기

각 단계를 구체적으로 살펴볼게요.

1단계: 있는 그대로 나/상대/상황 바라보기
동시에 하나님의 주권 인정하기

이것은 수용전념치료의 '인정'과 '수용'의 개념과 맞닿습니다. 1단계는 기독교 세계관 내에서 유연한 관점 취하기(perspective taking)를 연습하는 거지요.

'있는 그대로 바라본다'는 말은 아닌 척을 하지도, 매이지도 않으며 그저 그렇다고 알아차리고 받아들이는 거예요. 받아들인다는 건 긍정하는 것인데 이는 근거 없는 낙관주의가 아니라 있는 그대로를 인정하고 수용하는 거지요. 나 또는 당신의 감정과 생각에 이유가 있음을 그냥 받아들이는 거예요.

말이 되지 않는 마음인 것 같아도, 이 마음에는 그럴 만한 이유가 있음을 알아주는 거지요. 물론 이유가 있으니 무조건 옳다는 건 아닙니다. 다만 '마음이 그렇다'라는 걸 알아주자는 거지요. 영어로는 멘탈리제이션(mentalization), 즉 정신화라고 번역되는 경우가 일반적이지만, 석정호 교수(강남세브란스 정신건강의학과)의 "마음 헤아리기"가 가장 이해하기 쉬운 번역인 것 같아요. 석 교수는 《내 마음과 화해하기》에서 다음과 같이 정리합니다.

마음 헤아리기는 타인의 말과 행동이 어떤 감정이나 의도로부터 시작된 것인지를 이해하고 해석하는 능력을 말한다. 또한 내가 어떤 말이나 행동을 하려는 상황에서 밑바탕에 깔려있는 나의 진정한 의도나 감정을 이해하고 알아차리는 과정과 그 능력을 뜻한다.

즉, 마음 헤아리기는 내 마음과 상대의 마음을 잘 살펴보는 거지요. 이는 인지적인 살펴봄과 정서적인 살펴봄을 아우릅니다. 비슷한 표현으로 마음 챙김(mindfulness), 공감(empathy), 심리적 심성(psychological mindedness), 마음 이론(theory of mind)이 있어요.

'마음 챙김'은 주로 내 마음을 알아차리는 것으로 인지적이면서 정서적인 살펴봄이에요. '공감'은 남의 마음을 알아차리는 것으로 인지적인 살핌보다는 정서적인 살핌에 가까워요. 마음 챙김과 유사한 표현으로 '심리적 심성'이 있지요.

'마음 이론'은 주로 남의 마음을 알아차리는 것으로 정서적인 살핌보다는 인지적인 살핌에 가까워요. 마음 헤아리기는 정서를 인지하는 것, 마음 챙김, 공감, 마음 이론을 아우르는 표현으로 나와 남의 마음을 정서적, 인지적으로 잘 살펴보는 것입니다. 이때 유연한 관점을 취하는 것이 있는 그대로 마음을 헤아리는 데 중요한 요소예요.

나–당신/여기–거기/지금–그때의 관점을 다양하게 취해
보는 것으로 구체적인 연습을 할 수 있지요. 즉 "있는 그대로
나를/상대를/상황을 바라본다"는 유연한 관점을 취하며 나
와 남의 마음을 헤아리는 겁니다.

간단하게 마음 헤아리기 연습을 해볼게요.

1. 다음 표 안의 문장을 아주 천천히 여러 번 읽어보세요.

> A. 나는 여기 지금 이런 관점입니다.
> 그리고 당신은 거기 지금 그런 관점일 수 있습니다.
>
> B. 나는 거기 그때 그런 관점이었습니다.
> 그리고 당신은 거기 그때 그런 관점이었을 수 있습니다.
>
> C. 나는 지금 여기에서는 이런 관점입니다.
> 그리고 나 자신도 거기 그때에는 그런 관점이었을 수
> 있습니다.

2. 지금 이해가 되지 않는 갈등 상황에 처해있다면, 그 일
을 떠올리며 A 문장을 아주 천천히 여러 번 읽어보세요.

A. 나는 여기 지금 이런 관점입니다.

　그리고 당신은 거기 지금 그런 관점일 수 있습니다.

3. 내 마음에 떠나가지 않고 머물러있는 과거의 괴로운 일
　이 있다면, 그 일을 떠올리며 B 문장을 아주 천천히 여
　러 번 읽어보세요.

B. 나는 거기 그때 그런 관점이었습니다.

　그리고 당신은 거기 그때 그런 관점이었을 수 있습니다.

4. 내가 처했던 상황이나 내가 했던 과거의 일 중 자책이
　드는 일이 있다면, 그 일을 떠올리며 C 문장을 아주 천
　천히 여러 번 읽어보세요.

C. 나는 지금 여기에서는 이런 관점입니다.

　그리고 나 자신도 거기 그때에는 그런 관점이었을 수
　있습니다.

도움이 되나요? 다음 장에서 자세한 예시로 제 이야기를 소개할게요. 신앙인의 마음 헤아리기에는 위 연습에 두 가지 요소가 더 있어야 한다고 생각해요.

첫째는 모든 마음 헤아리기에서 내 주인이신 하나님의 관점을 취하는 거지요. 감히 우리가 하나님의 마음을 다 헤아릴 수 있을까요? 그럼에도 나를 지극히 사랑하시는 아버지이자 내 주권자이신 하나님의 관점을 취해보는 것 자체로 깊은 통찰을 얻을 수 있어요.

둘째는 이 모든 관점에 하나님의 주권을 인정하는 것입니다. 그분의 주권은 이해의 영역이 아니라 인정하고 찬양해야 할 신앙의 영역이지요. 아래는 이해를 돕기 위한 그림이에요.

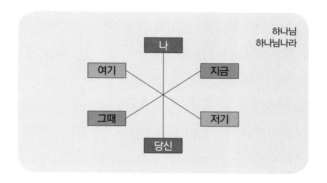

우리에게는 '하나님과 하나님나라'라는 기독교 세계관이 있어요. 하나님을 믿으며 그분의 주권을 인정하는 기독교 세계관 안에서 유연한 관점을 취하지요. 그 어떤 관점을 취하더라도 하나님의 주권을 인정하는 신앙관 안에 있는 것이 신앙인의 마음 돌보기입니다.

그래서 신앙인이 아닌 사람들은 이미 기독교 세계관이라는 관점에 매여 시작하면 '있는 그대로'의 마음을 헤아릴 수 없다는 반론을 제기하기도 해요. 하지만 하나님께 매이면 매일수록 참 자유를 경험하는 건 오직 신앙으로만 설명되는 놀라운 신비입니다. 제 글로 충분히 설명하기 어려운 부분이기도 하지요.

물론 하나님이 아닌 기독교라는 종교에 매이고 융합되면 "너는 신앙인이니 우울하면 안 돼"라며 마음을 살피는 데 전혀 도움이 되지 않는 관점을 가질 수도 있어요.

우리의 관점은 신앙이 없는 상대의 삶도 하나님의 주권 안에 있음을 인정하지만, 아직 하나님을 알지 못하는 상대의 관점에서는 하나님의 주권이 이해되지 않음이 당연합니다.

2단계: 중요한 것과 중요하지 않은 것 구분하기

이 단계는 수용전념치료에서 '가치'의 맥락입니다. 1단계의 유연한 관점을 취하면서 우리에게 중요한 것과 중요하지 않은 것을 이해하는 거예요. 사실 신앙인의 삶에서 우리가 다가가야 할 가치는 단순하지요. 하나님께 다가갈수록 그분께 중요한 것이 우리에게도 중요해지기 때문입니다.

하나님의 자녀 된 우리는 의미 있는 것이 무엇인지 고민할 필요가 없어요. 하나님의 존재 자체가 우리에게 의미 있고 그분께 의미 있는 것이 우리에게도 의미 있기 때문이지요.

율법학자들 가운데 한 사람이 다가와서, 그들이 변론하는 것을 들었다. 그는 예수가 그들에게 대답을 잘 하시는 것을 보고서, 예수께 물었다. "모든 계명 가운데서 가장 으뜸 되는 것은 어느 것입니까?" 예수께서 대답하셨다.

"첫째는 이것이다. '이스라엘아, 들어라. 우리 하나님이신 주님은 오직 한 분이신 주님이시다. 네 마음을 다하고, 네 목숨을 다하고, 네 뜻을 다하고, 네 힘을 다하여, 너의 하나님이신 주님을 사랑하여라.'

둘째는 이것이다. '네 이웃을 네 몸같이 사랑하여라.' 이 계명보다 더 큰 계명은 없다."

막 12:28-31

피조물이자 하나님의 끝없는 사랑을 값없이 받은 하나님의 자녀인 우리에게 중요한 핵심 가치는 하나님을 사랑하고 사람을 사랑하는 것입니다.

물론 우리는 하나님나라의 백성임과 동시에 이 땅에 발을 딛고 사는 존재입니다. 그래서 각자에게 중요한 가치가 다를 수 있지요. 누군가에게는 가족이, 누군가에게는 정의가, 누군가에게는 봉사가 중요한 가치일 수 있어요.

나와 타인에게 해가 되지 않는다면 누군가의 가치를 평가 절하할 수 없습니다. 게다가 하나님께서 각자에게 그가 중요하게 여기는 것을 은사로 주시는 걸 봅니다. 다만 신앙인이 된다는 건 가장 중요한 가치를 주님께 두며 내가 생각하는 중요한 가치도 그분의 손에 내어드릴 수 있는 걸 의미해요.

이런 맥락에서 삶의 문제를 대하면 해답이 명료해집니다. 예를 들어 정의를 중요한 가치로 여기는 사람이 있습니다. 그가 보기에 큰 죄를 지은 누군가가 있다면 그에게 중요한 건 무엇일까요? 어느 순간 옳음과 그름을 명료하게 해주는 것이 신앙공동체 내에서 꼭 필요할 것이고, 이것이 그의 은사가 될 수 있어요. 하지만 이를 넘어 내가 주님인 것처럼 누군가를 지나치게 정죄한다면 '하나님의 주권'이라는 더 중요한 가치를 놓칠 수 있어요. 하나님 외의 가치에 지나치게 매이면 그 가치가 아무리 훌륭해도 어느 순간 건강하지 않은 마음을 만들기도 하거든요.

삶의 중요한 가치가 목회나 선교와 같은 사역이어도 마찬가지예요. 사역이 하나님의 것이 되어야 하는데 사역 자체에 마음이 매이면 사역의 결과가 내 가치가 되고 하나님은 뒷전에 계시게 됩니다.

내게 중요한 것이 무엇인지를 자주 묻는 것은 삶을 더욱 의미 있게 만드는 놀라운 힘이 있어요.

3단계: 내가 어쩔 수 있는 것 하기
어쩔 수 없는 것은 다시 1단계로 돌아가기

이 단계는 수용전념치료에서 '전념'의 개념에 맞닿습니다. 중요한 것과 중요하지 않은 것을 알아차렸다면 중요한 것을 추구하는 방향으로 우리가 할 수 있는 것을 하면 됩니다. 하지만 우리는 중요하지도 않고 어쩔 수 없는 것에 너무 애를 쓰기도 하고, 다른 것에 마음이 매여 중요하고도 어쩔 수 있는 것을 하지 않기도 해요. 중요하고 어쩔 수 있는 일들을 하며 살기도 짧은 삶인데 말입니다.

저는 '어쩔 수 있는 것'과 '어쩔 수 없는 것'을 알아차리는 연습을 자주 하는 것만으로도 마음건강에 도움이 된다는 걸 경험한 후부터 환자들에게도 이 연습을 숙제로 내곤 합니다. 이를 하다 보면 생각보다 내가 어쩔 수 있는 게 많지 않음을 알 수 있어요.

일단 그때/거기의 일은 지금 어쩔 수가 없어요. 지금 어쩔 수 있는 것은 지금/여기의 일뿐입니다. 하지만 어쩔 수 있는 일이 많지 않다는 것이 신앙인에게는 허무하게 다가오지 않아요. 가장 크시고 가장 세밀하신 하나님께서 우리의 작고 선한 마음과 행동도 크게 기뻐하심을 알기 때문이지요. 결국 그분이 기뻐하시는 일은 아주 작아도 중요하고 어쩔 수 있는 일임을 알게 되지요.

또한 우리 몸과 마음과 환경과 영적인 부분을 모두 이해하시는 주님이, 그때/거기에서 우리가 더 나은 선택을 하기가 어려웠음을 누구보다 잘 알고 계시는 분이라는 게 큰 위로가 됩니다. 그래서 환자들에게 이런 주님의 관점을 취하기를 권해요.

반대로 사람의 관점에서는 멋진 모습으로 살고 있지만 주님의 관점에서는 '분명 어쩔 수 있는 일을 하지 않은' 누군가도 있을 거예요. 은사에 따라 달란트를 주신 주님은 다섯 달란트를 맡은 종이 그 달란트를 모두 숨겼다면, 한 달란트 받은 종이 한 달란트를 숨긴 것보다 더 크게 질책하셨을 것입니다.

마음을 돌보는 연습조차 고통스러울 때

받아들일 것은 받아들이면서 지금 할 수 있는 중요한 일부터 하자고 하는 게 누군가에게는 잔인하고 고통스럽게 느껴질 수 있습니다. 쳐다보고 싶지 않고 인정하고 싶지도 않은 상처로 인해 몇 년, 심지어 몇십 년을 사람 사는 것처럼 살지 못했다는 이들이 많습니다. 이에 더해 '나는 이렇게 괴로운데 내게 고통을 준 누군가는 너무나 잘 살고 있다'면 수용과 인정이 더 어렵지요.

가끔 사람으로부터 신뢰할 만한 어떤 경험도 하지 못했음에도 어떻게 하나님의 존재를 믿을 수 있었는지 이해하기 어려울 정도로, 어린 시절부터 큰 트라우마를 경험한 사람들을 만나요. 그의 상처를 쉽게 받아들일 만한 작은 상처라고 생각해서 삶을 수용하고 할 수 있는 일에 전념하기를 권하는 게 아닙니다. 실제로 진료실에서 몇 달을 만나도, 심지어 1년 넘게 상담을 해도 식사와 수면 외의 이야기를 꺼내는 것 자체가 어려운 경우가 있지요.

하지만 성도로서 만나는 이 책의 독자들에게는 말할 수 있어요. 너무도 큰 상처로 하나님, 사람, 자신, 상황과 미래에 대해 부정적인 생각이 들고, 자신이 전혀 가치 있게 느껴지지 않아 죽음을 자꾸 생각한다면, 하나님이 죽기까지 나를 사랑하신다는 진리가 믿어지게 해달라는 기도를 해보세요.

저도 환자들을 위해 잊지 않고 드리는 기도입니다. 이해할 수 없는 고통의 순간에조차 하나님은 우리를 사랑하십니다. 그리고 다 알고 계세요. 우리를 향한 그분의 사랑은 신실하고 변함이 없습니다. 우리가 아픈 중에도, 믿어지지 않는 순간에도 언제나 신실하게 우리를 돌보십니다. 그 진리가 믿어지게 해달라고 기도하세요.

참새 다섯 마리가 두 냥에 팔리지 않느냐?
그러나 그 가운데 하나라도,
하나님께서는 잊고 계시지 않는다.

하나님께서는 너희 머리카락까지도 다 세고 계신다.

두려워하지 말아라. 너희는 많은 참새보다 더 귀하다.

눅 12:6,7

당신은 정말이지 귀한 존재입니다. 마가복음 9장 24절에
도 믿음 없음을 도와달라는 기도가 나옵니다.

"내가 믿습니다. 믿음 없는 나를 도와주십시오."

막 9:24

'주님, 주님이 나를 사랑하신다는 것을 믿습니다. 믿음 없
는 나를 도와주십시오.' 인지적으로 믿어지지 않아도, 믿음
없음을 도와달라는 기도를 믿음 없는 것으로 여기지 않으실
하나님의 긍휼을 구하세요. 외마디 신음으로 기도할 힘도
없다면 어떻게 해야 할까요? 부디 버텨주세요. 버텨만 달라
는 말조차 너무 잔인하게 느껴진다는 환자도 만납니다. 버
티는 것만도 너무나 큰 믿음이 필요할 때가 있지요.

이해할 수 없는 고통의 순간, 당신에게 버틸 힘이 조금도
없을 때 주님이 친히 그 힘이 되어주시기를 기도합니다.

2장

자신을 돌보지 못하는 당신에게

사람들은 대부분 자기의 환경과

가진 모든 자원 속에서

잘해보려고 나름의 방법으로 최선을 다해요.

누군가에게 상처를 주거나

망치려고 의도한 게 아닙니다.

다만 조금 더 자신의 마음과 상대의 마음을

잘 헤아릴 수 있었더라면

더 잘 사랑하고 더 적게 상처 줄 수 있었을 텐데

그게 어려웠을 뿐입니다.

또 노력은 했지만 잘 몰라서 잘하지 못했을 뿐이지요.

이번 장에서는 이 글을 읽는 분들이 자신의 어린 시절을 살피며 이해하길 바라는 마음으로 제 이야기를 들려드리려고 해요. '신앙인의 마음 헤아리기 연습'을 제 이야기로 연습 문제를 풀듯 같이 볼게요. 먼저 어린 시절 이야기를 하고, 그 이야기를 그때/거기/어린아이였던 관점에서 다시 한번 살펴보겠습니다.

속 깊은 어른 같은 아이

남대문에서 옷 장사를 하던 엄마는 20대 중반에 저를 낳았어요. 엄마는 그 후에도 일을 계속했고, 저는 친조부모님 댁에서 자랐지요. 성실하고 부지런한 엄마는 새벽 장사를 하면서도 일주일에 두 번은 시댁을 찾았어요. 매일 보지 못하는 저를 챙기고, 아이를 돌봐주는 시부모님에게 고마운 마음을 최선을 다해 표현했지요.

제가 두 돌이 지났을 때 남동생이 태어났어요. 얼마 후에 공단에 입사해 안정된 직장생활을 하던 아빠가 부산으로 발령이 나자 엄마는 하던 일을 정리했고 가족 모두 부산으로 내려갔습니다. 그런데 채 2년도 지나지 않아 친할아버지가 뇌경색으로 반신마비가 되셨어요. 할아버지를 돌보기 위해 모두 서울로 다시 올라와야 했지요. 엄마가 친할아버지를 간병하며 모시는 동안 외조부모님이 돌아가셨어요.

엄마는 친정 부모님에게 효도하지 못한 걸 많이 괴로워했어요. 그래서 친할아버지가 돌아가시자 친정의 어려운 일을 적극적으로 돌아볼 생각을 했지요. 엄마는 일찍 부모를 잃고 시골에서 지내던 조카, 곧 제 외사촌 언니와 여동생을 데려와 키우기로 했어요. 그렇게 맏딸이었던 저는 둘째가 되었지요.

저는 자라면서 한 번도 부모님에게 걱정을 끼친 적이 없는 '살림 밑천 같은 딸'이었어요. 유치원에 다닐 때였지요. 친할머니 생신날, 어린 꼬마인 저는 저금통을 들고 금은방에 가서 할머니께 드릴 반지를 달라고 부탁했어요. 주인아저씨는 어린아이의 마음씀씀이가 예뻤는지 꽤 비싼 은가락지를 내주었지요.

초등학교 시절에는 더 생각이 깊은 아이로 자랐어요. 부모님 생신은 물론이고 제 생일에도 부모님에게 드릴 선물을 준비했지요. 저를 낳고 키우느라 고생하셨다고요. 그리고 누가 시키지 않아도 혼자 책을 읽었고 알아서 공부도 잘했어요. 학교 조회 시간에 단상에 나가 상을 받지 않고 한 달을 넘긴 적이 없을 정도였지요. 부모님은 그런 저를 늘 자랑스러워했어요.

저는 무엇이든 열심히 했고 시험에서 하나라도 틀리면 혼날 틈도 없이 스스로 속상해서 어쩔 줄 몰랐지요. 제가 아이 같지 않게 속이 깊어서 엄마가 조카들을 키울 마음을 먹었을 때도 초등학생인 제 의견을 묻고 상의할 정도였어요. 저는 당연히 그들과 함께 지내는 게 좋다고 정답 같은 말을 했고요.

중학교 때는 반장이 되어 반 친구들을 꼼꼼하게 챙겼어요. 어떤 친구든 이야기를 잘 들어주고 도움이 필요하면 힘써 도왔지요. 담임선생님이 "제자지만 존경스러운 아이"라고 한 말에 엄마가 매우 자랑스러워했던 기억이 나요.

저는 그렇게 늘 알아서 공부하고 주변을 먼저 챙겼습니다. 학원에 더 다니고 싶어도 세 딸과 아들을 가르쳐야 하는 부모님의 형편을 생각해서 말하지 못했어요. 부모님이 먼저 묻지 않으면 더 배우고 싶다고 할 수 없었지요.

대학에 입학하고 나서는 집안 형편이 많이 어려워졌어요. 학기 중에는 독하다는 소리를 들을 정도로 공부를 했고, 방학이면 서울로 올라와 과외로 용돈을 벌었지요. 의학전문대학원에서 공부하면서도 부모님에게 용돈을 보내달라는 말을 먼저 꺼내지 않았어요. 어려운 내색을 하지 않고 의대생 마이너스 통장으로 생활하며 오히려 부모님을 도와드리기도 했지요.

불안과 걱정이 많은 성향이지만 시험 전날에도 교회 청년부 모임에 빠지지 않았어요(의대 시험 전날은 정말 피가 마릅니다. 남자들이 가끔 군대에 다시 가는 꿈을 꾸는 것처럼 의사 중에는 시험 전날이 되는 꿈을 종종 꾼다는 사람들이 있을 정도지요). 맡은 봉사까지 다 마치고 돌아와서 밤새 공부할 정도로 신앙생활도 정말 열심히 했어요.

인턴 때는 하루에 몇 시간 못 자고 종일 일하는 날이 이어졌지만, 단순한 업무는 이어폰으로 성경을 들으며 하고 중간에 잠깐 시간이 나면 병원 기도실에서 기도하곤 했지요.

혼자 쓰기 빠듯한 인턴 월급도 저를 위해 쓰는 게 가장 어려웠어요. 헌금을 드리거나 모아두었다가 가족 여행을 위해 쓰곤 했지요. 그런 제 성실함이 스스로 자랑스럽기도 했어요. 늘 성실하게 살며 주변을 위해 희생하는 부모님을 점점 닮아가는 거라고 생각했지요.

부모님이 친가와 외가에 헌신하는 모습을 보고 자랐기에 힘든 부분이 있어도 모든 과정이 하나님이 저를 더 성장시키시려는 연단이라고 여겼던 것 같아요. 그래서 제가 속상해하면 하나님 앞에 죄를 짓는 거라고도 생각했습니다. 연단이 괴로워도 받은 은혜와 저울질하며 갚을 수 없는 큰 은혜를 주셨으니 속상해할 필요 없다고 스스로 합리화했던 것 같아요.

알 수 없는 불안과 긴장의 이유

정신과 전공의가 되면 교육 목적으로 정신분석을 받습니다. 동기 열 명이 모인 자리에서 어린 시절을 이야기하고 분석을 받았지요. 교수님이 한 명 한 명에게 같은 질문을 던지며 분석을 시작했습니다.

"자네는 어떤 것이 어려운가?"

저는 별다른 어려움이 없다고 생각했기에 쥐어짜는 마음으로 준비해간 답을 말했어요.

"저는 간혹 알 수 없는 불안과 긴장감을 경험합니다."

교수님은 여러 질문을 하며 제 어린 시절 이야기를 찬찬히 들은 후에 이렇게 말했지요.

"부모님이 노력을 무척 많이 하면서 사셨군. 하지만 어린 자네로서는 마음 붙일 곳이 없어서 책에 마음을 붙인 것 같네. 사랑받고 인정받고 싶어서 어른처럼 굴고 공부도 열심히 했겠지. 책에 붙인 마음이 지금은 사람으로 가서 어떤 사람에게나 늘 애쓰며 사는 것 같아.

어린 시절 마음 둘 데가 없었기에 마음이 편하지 않아서 늘 긴장과 불안이 있는 것 같아. 부모님이나 주변 사람에게 잘하려고 너무 애쓰면서 살지 말게. 효도해야 한다는 생각을 버려야 부모님에게 편한 마음으로 잘하게 될 거야."

이 말을 듣는 순간에도 제 마음에 대한 이야기에 집중하지 못했어요. 여러 동기 앞에서 존경하는 부모님을 저를 불안하게 키운 나쁜 부모로 만든 것 같아 마음이 불편했거든요.

그날 저는 집에 와서 남편에게 울며 말했습니다.

"여보, 나는 정말 모르겠어. 애쓰지 않고 잘 사는 방법을 모르겠는데 당신도, 교수님도 그렇게 말하니…. 그렇게 말고는 어떻게 잘 살 수 있는지 모르는데…."

남편도 저와 신혼을 보내며 제가 너무 애쓰면서 산다는 말을 종종 했습니다. 그때마다 열심히 살아온 제 시간이 모두 부정당하는 느낌이 들어 며칠 동안 마음이 불편하고 괴로 웠어요.

교육 분석을 받으면 교육받은 내용을 녹음하여 기록해서 제출해야 해요. 저는 다시 들으며 정리하면서도 교수님의 말이 어떤 의미인지 이해하기가 어려웠습니다. 하지만 시간이 지나고 배움이 커지면서 점점 이해하게 되었지요.

"그때/거기/어린아이"였던 관점으로 제 이야기를 다시 해 볼게요. 앞에서 다룬 몸, 마음, 환경 그리고 영적인 요인을 고려하면서 읽어보세요.

*

한 여자아이가 태어나 엄마에게 안깁니다. 엄마는 아들을 낳지 못해 시집살이를 했던 자신의 친정엄마처럼 자신도 딸만 낳을까 봐 늘 두려웠지요. 첫아이가 아들이기를 간절히 바랐던 엄마의 표정에 서운함이 역력합니다. 엄마가 새벽에 장사를 해서 아이는 곧 할머니 댁에 맡겨지지요.

할머니가 아이에게는 주 양육자이자 심리적인 엄마입니다. 엄마는 일주일에 두 번 아이를 만나러 옵니다. 아이는 엄마에게도 사랑을 느낍니다. 엄마를 자주 보고 싶지만 엄마는 매일 오지는 않아요. 할머니가 엄마처럼 키워주지만 마음이 편하지는 않아요. 떼를 쓰거나 울지도 못하지요.

그러다가 엄마가 정말 보고 싶어 울음이 터지는 날이 있어요. 그러면 할머니는 엄마를 보러 가자며 우는 아이를 업고 시장 길을 걸어 내려가지요. 시장 길이 끝날 때까지 가면 아이는 잠이 듭니다. 할머니는 잠든 아이를 데려다 방에 눕힙니다. 다음 날 아이가 눈을 뜨면 엄마는 옆에 없어요.

아이가 두 돌이 지났을 때, 조금씩 배가 불러오던 엄마가 얼마간 보이지 않더니 동생을 데리고 왔어요. 엄마가 기다리던 남자아이였지요. 엄마의 사랑이 모두 동생에게로 갈까 봐 아이의 마음이 불안해요. 동생이 백일쯤 되었을 때 엄마 아빠는 아이와 남동생을 데리고 갑자기 부산으로 떠나요.

부모님과 처음 같이 살게 된 아이는 모든 게 어색했지요. 늘 같이 있던 할머니가 보고 싶습니다. 집도 동네도 낯설어 혼란스러워요. 떼를 부리고 싶어도 갓난 동생이 늘 엄마 품에 있어서 참고 말지요. 겨우 부산 생활에 적응할 무렵 다시 서울로 이사해서 조부모님과 같이 지내게 됩니다. 아이는 또다시 새로운 환경에 적응해야 했지요.

다시 만난 할아버지는 아파서 늘 방에 누워계십니다. 심부름이 필요하면 지팡이로 방문을 똑똑 치십니다. 그 소리가 나면 아이는 할아버지 방으로 달려가지요.

"할아버지, 부르셨어요?"

"물….."

아이의 모습을 보고 엄마가 칭찬을 해줘요.

"우리 딸, 착하기도 하지."

아이는 더 착한 아이가 되어 엄마의 사랑을 받고 싶어서 할머니 생신에 용돈을 들고 금은방에 가지요.

'내가 생신 선물을 드리면 할머니가 기뻐하실까?'

할머니뿐 아니라 온 가족의 칭찬이 쏟아집니다. 아이는 가족들의 관심을 받아 기분이 좋아요.

초등학교에 입학해서는 자주 상을 받아왔어요. 그러면 엄마는 "공부 잘하고 어른스러운 우리 딸!"이라고 칭찬하며 아이에게 더 관심을 보였지요.

그런데 외할머니, 외할아버지가 돌아가시자 엄마가 오랫동안 힘들어했어요. 얼마 지나지 않아 친할아버지도 돌아가셨지요. 아이는 많이 슬펐어요. 할아버지가 보고 싶기도 했고요. 그러던 어느 날, 부모님이 시골에 있는 사촌 언니와 여동생을 데려와 같이 지내는 게 어떻겠냐고 물었어요. 아이가 좋아하는 사촌 언니와 동생이라 정답을 말하는 게 어렵지 않았어요.

그런데 언니와 동생이 오자 아이는 힘들어졌어요. 다른 환경에서 자란 두 명의 사촌 자매와 한 식구가 되어 함께 지내는 게 낯설고 불편했지요. 아이를 향한 엄마의 관심이 더욱 줄어드는 것 같아 서운하기도 했고 딸이 셋이나 되니 남동생이 더욱 귀해진 느낌이었어요.

나이가 같은 여동생과는 사소한 일로 많이 싸웠어요. 아이에게는 부모의 사랑과 가졌던 모든 것을 양보하는 나날의 연속이었지요. 그런데 아이의 속도 모르고 다 안다는 듯이 동생한테 잘해주라고 말하는 사람들이 미웠어요. 하지만 엄마에게는 말하지 못했어요. 동생을 미워하는 나쁜 마음을 있는 그대로 표현하면 안 될 것 같아서요.

'나는 부모를 잃은 언니와 여동생만큼 힘든 시간을 보내는 것도 아니잖아. 내가 힘들다고 하는 건 나쁜 마음이야.'

아이는 부정적인 감정은 나쁜 거라 여기며 마음을 애써 누릅니다. 애초에 부모님이 아이의 뜻을 물을 때 좋다고 대답했기에 힘들다는 이야기를 더 꺼낼 수가 없었지요. 그건 엄마를 마음 아프게 할 뿐 아니라 내가 한 말에 책임을 지지 않는 행동인 것 같아 입을 닫았어요.

유연한 관점 취하기

아이의 이야기를 그때/거기/어린아이였던 제 관점으로 다시 살펴보았어요. 이제 저를 분석해주었던 교수님의 이야기를 다시 보겠습니다.

"부모님이 노력을 무척 많이 하면서 사셨군. 어린 자네는 마음 붙일 곳이 없어서 책에 마음을 붙인 것 같네. 사랑받고 인정받고 싶어서 어른처럼 굴고 공부도 열심히 했겠지. 책에 붙인 마음이 지금은 사람으로 가서 어떤 사람에게나 늘 애쓰며 사는 것 같아.

어린 시절 마음 둘 데가 없었기에 마음이 편하지 않아서 늘 긴장과 불안이 있는 것 같아. 부모님이나 주변 사람에게 잘하려고 너무 애쓰면서 살지 말게. 효도해야 한다는 생각을 버려야 부모님에게 편한 마음으로 잘하게 될 거야."

같은 내용이지만, 그때/거기/그 아이의 관점으로 다시 살펴보니 분석 내용이 이해되나요? 속상한 마음을 표현해도 부모님과 하나님이 있는 그대로 온전히 수용해줄 거라는 신뢰가 있었다면 저는 조금 더 편안한 아이로 성장했을지도 모릅니다.

존재 자체로 사랑받는 딸로서의 자존감과 정체성이 있었

다면, 제 삶의 어두운 면을 하나님 앞에서까지 아닌 척 애써 감추지 않고 내보이며 그분의 깊은 위로와 사랑을 더욱 생생하게 경험할 수 있었겠지요. 하지만 저는 좋은 면만을 보임으로 사랑받으려 했기에 관심 받지 못하고 부정당한 제 힘든 마음은 알 수 없는 긴장과 불안에 휩싸였던 거예요.

이렇게 자기 마음을 살펴보는 일은 전문가의 도움을 받으면 조금 더 쉬워져요. 그들은 공부를 통해 뇌의 생물학적인 발달이나 정신의 발달이 어떻게 이뤄지는지, 어떤 시기에 어떤 도움이 필요한지, 어떤 환경이 건강한 마음에 더 도움이 되는지를 잘 이해하고 있기 때문이지요.

하지만 여의치 않다면 앞서 제 이야기를 다른 관점으로 살펴보았듯이 자기 자신이나 누군가의 마음을 헤아리는 연습을 해볼 수 있어요. 어려운 심리용어로 표현하지 않아도 됩니다. 그저 당시의 생물학적, 심리적, 환경적 요인을 고려하면서 '그때 그 마음을 있는 그대로' 공감하려는 시도 자체로 의미가 있어요.

이때 판단이나 평가를 하지 않는 게 중요해요. 공감은 옳고 그름을 따지는 게 아닙니다. 누군가가 옳아야 공감을 해줄 수 있는 게 아니지요.

"그때 그 나이, 그 상황의 너였다면 다른 마음으로 다른 생각을 하며 다르게 행동을 하기가 참 어려웠겠구나."

"너 나름대로는 그때 그렇게 느끼고, 생각하고, 행동하며 그 시간을 견뎌왔구나."

이렇게 있는 그대로 그의 존재를 안아주고 인정해주는 거지요. 그리고 공감 역시 하나의 관점에만 치우쳐서는 안 됩니다. 충분히 나 자신을 수용하고 인정하는 과정이 필요하지만 유연한 관점을 취할 수 있어야 해요. 과거의 내 관점에만 매이면 부작용이 생길 수 있기 때문이지요.

'모든 것이 엄마 탓'으로 느껴지는 일명 '정신과 전공의 병(病)'을 전공의들이 수련 과정에서 경험하곤 해요. 아마 심리 공부를 하는 사람들도 그런 시기를 거칠 겁니다. 심리상담을 장기간 받으면서 관점이 유연해지는 게 아니라 오히려 과거의 내 관점에만 매여 그때 내 심리에 악영향을 미친 누군가에 대한 분노와 억울함만이 화려한 심리용어와 함께 정교화되는 경우를 봅니다.

하지만 우리의 마음이 성장한다는 건 유연한 관점을 취하며 지혜를 가지는 거예요. 내 마음을 무시하지 않으면서 타인의 마음을 헤아리고, 타인의 마음을 무시하지 않으면서 내 마음을 헤아리는 거지요.

제 어린 시절의 이야기를 그때/거기/제 부모님의 관점으로 찬찬히 다시 보면서 부모님의 마음도 헤아릴 수 있었습니다. 부모님은 부모님대로, 저는 저대로 애를 써왔다는 걸 알았지요. 아마 제 언니, 여동생, 남동생의 이야기를 다시 써도 마찬가지일 거예요.

상처도 은혜입니다

내 인생과 타인의 인생을 망치겠다고 작정하고 태어난 사람이 누가 있을까요. 그런 사람이 있다 한들, 그가 그 환경에서 다른 모습으로 자라는 게 쉬운 일이었을까요.

사람들은 대부분 자기의 환경과 가진 모든 자원 속에서 잘해보려고 나름의 방법으로 최선을 다해요. 누군가에게 상처를 주거나 망치려고 의도한 게 아닙니다.

다만 조금 더 자신의 마음과 상대의 마음을 잘 헤아릴 수 있었더라면 더 잘 사랑하고 더 적게 상처 줄 수 있었을 텐데 그게 어려웠을 뿐입니다. 또 노력은 했지만 잘 몰라서 잘하지 못했을 뿐이지요.

서로가 서로에게 줬던 사랑뿐 아니라 상처도 있는 그대로 인정하는 게 좋아요. 상처는 사랑으로 퉁칠 수 있는 게 아닙니다. 돈은 5천 원 빚을 지고 1만 원으로 갚으면 5천 원 빚이 사라지지만 상처는 그렇지 않아요. 그럼에도 상처의 경험을 있는 그대로 헤아려 보듬어줘야 해요. 그것이 건강한 마음입니다. 내가 상처를 준 쪽이어도 마찬가지예요.

'그래, 나는 그때의 나대로 최선을 다했지만 그때의 너는 속상할 수 있었겠구나.'

어린 시절의 저는 그렇지 못했어요. 제 마음을 무시하고 인정하지 않았어요. 서운한 마음이 들면 그 마음을 무시하고 나쁘게 여겼지요.

'엄마가 저렇게 힘드신데 나라도 힘들게 하지 말아야지. 속상한 일도 속상해하면 안 돼. 나 정도면 얼마나 행복한 건데. 언니와 여동생은 나보다 훨씬 힘든 어린 시절을 보냈어. 내가 힘들다고 하는 건 투정이야. 나는 감사만 해야 해.'

상대가 더 힘들다고 내 고통은 무시해도 되는 게 아닌데 어린 저는 그랬어요. 물론 지금의 저는 그렇지 않아요. 유치원생 아들을 키우는 엄마가 된 오늘의 제가 그때/거기의/저를 봅니다.

아들의 나이에 어리광을 잘 부리지 못했던 어린 저를 진심으로 안쓰럽게 생각하지요. 그렇다고 어린 날의 저만큼 부모님을 존경하지 않는다는 이야기는 아닙니다. 타인을 위해 희생하는 부모님을 두었기에 내가 같이 희생해야 했던 게 아무것도 아니라고 그들을 이상화하지 않을 뿐이지요.

그들의 딸로서 같이 희생해야 했던 어린 제 마음을 충분히 알아줌과 동시에, 많은 짐을 지고 하루하루 견뎌야 했던 그때의 부모님(지금의 저보다 어렸던)을 생각하며 이전보다 더 존경합니다.

제가 부모님이 처했던 환경에서 그들의 자원을 그대로 가지고 태어나 자랐다면 어땠을까요? 그만큼 살아오기가 어려웠을 거예요. 부모님이 얼마나 최선을 다해 살았는지 이전의 저보다 더욱 잘 헤아리게 되었습니다.

부모님에게 약함이 있으면 있는 대로, 서운한 부분이 있으면 있는 대로 그들이 살아온 인생 그대로를 인정하고 긍정하며 이전보다 더욱 존경합니다.

이 이야기를 읽으면서도 누군가는 상처를 받을 수 있을 거예요. 누군가에게는 그 어떤 이야기도 배부른 소리로 들릴 수 있어요. 어디에도 말할 수 없는 충격적인 상처를 갖고 살아가는 사람들이 정말 많기 때문이지요.

저와 가족의 이야기를 쓰면서 저 역시 소화되지 않은 상처는 아직도 다 내어놓지 못했어요. 하지만 제 글을 읽으며 누군가는 다친 마음이나마 자신의 마음을 있는 그대로 헤아리는 두려운 도전을 하기를 기도합니다.

그리고 마음 헤아리기 연습을 많이 한 후에 나를 아프게 한 상대의 마음까지도 헤아리는 연습을 할 수 있기를 바랍니다. 감히 상처 준 그를 용서하라고 말하는 게 아니에요. 현재의 내가 "그때/거기의/나"와 "그때/거기의/그"를 헤아리는 시도를 해보라는 거예요. 그것만으로도 상처받은 내 마음이 조금 더 위로받고 자유로워지는 경험을 할 수 있을 거예요.

저도 상처는 상처대로 인정하고 은혜는 은혜대로 감사하려고 합니다. 부모님의 삶을 진심으로 존경하지만 그 삶의 그림자도 이해합니다. 그 상처가 하나님의 은혜를 매 순간 체험하는 은혜의 요소가 된 것도 사실이니까요.

전에는 은혜가 너무 커서 어려움을 어렵다고 말하는 게 하나님 앞에 염치없게만 느껴졌어요. 그래서 '나는 상처가 없다'라고 합리화를 했었지요. 하지만 상처는 상처고 은혜는 은혜입니다. 저는 상처도 그 자체로 은혜로 여깁니다. 다만 상처가 있음에도 불구하고 '은혜가 크니 상처는 없다'라고 여기지는 않게 되었어요.

　삶 속에서 이해되지 않는 부분까지도 하나님의 주권임을 있는 그대로 인정하려고 합니다. 오직 모든 순간에 제 삶의 주인 되시는 주님께 감사드립니다.

Part 3

아버지,
제가

불안합니다

1장

화가 나는 당신에게

속상한 일을 경험할 때, 무조건 참는 것보다

부드럽고 지혜롭게 표현하는 게 좋아요.

사실 참는다는 건 억울한 마음을 늘 갖는 것이기에

상대편이 작은 잘못을 해도

'내가 너한테 어떻게 했는데!' 하는 마음으로

큰 갈등이 야기되기도 해요.

마음을 찬찬히 살펴보세요.

무조건 희생하는 관계를 유지하는 것보다

건강한 관계를 지혜롭게 맺는 연습이 절실합니다.

나에게 마음 쓰기가 아까워요 (주부 우울)

가족의 식사를 위해서는 얼마가 더 들더라도 '유기농 코너'에 눈길이 한 번 더 가고, 아이 옷을 고를 때도 좋은 소재라면 비싸도 마음이 흔들립니다. 아이에게 더 좋은 교육환경을 제공할 수 있다면 그 무엇도 아깝지 않은 건 두말하면 잔소리입니다. 엄마는 그렇지요.

하지만 자신에게 쓰는 건 어떤가요? 자신의 옷을 고를 때는 1만 원 차이에도 한참을 망설이다 내려놔 버리기도 합니다. 스스로에게는 돈 쓰기 아까운 당신, '마음' 쓰는 건 어떤가요? 언제부턴가 자기에게 마음 쓰는 것조차 아까워하고 있지는 않나요?

클리닉을 방문한 40대 후반의 정은 씨는 눈코 뜰 새 없이 바쁜 워킹맘입니다. 스트레스·비만클리닉을 찾은 것도 건강을 생각해서 스스로 찾은 것이라기보다는 친구가 "거기 가면 살 빠진다는데, 너도 요즘 살이 계속 찌니 같이 가보자"라고 해서 따라왔지요. 이렇게 따라온 사람이 더 치료가 필요한 경우가 종종 있어요.

정은 씨는 일과 가사를 병행하며 쌓이는 스트레스를 풀기는커녕 자신이 무슨 스트레스를 받는지 알아챌 여유조차 없이 바쁘게 살고 있었어요.

하지만 에너지 불변의 법칙은 스트레스에도 동일하게 적용됩니다. 스트레스는 새어나갈 틈이 없으면 우리의 정신뿐 아니라 몸에도 그대로 누적돼요. 정은 씨의 스트레스는 점점 쌓였고, 무기력과 피로로 직장 일도 살림도 힘에 부치는 상태였지요.

혼자만의 시간이라고는 식구들이 모두 잠든 뒤에 TV 앞에 앉아 맥주 한 캔을 마시며 과자를 먹는 잠깐이 전부였어요. TV를 보면서 손 가는 대로 과자를 먹기에 하루에 얼마나 먹는지 양도 정확히 알 수 없었지요. 다만 군것질에 지출하는 비용이 점점 늘고 있는 걸 알고는 있다고 했어요. 알아채지도 못하는 사이에 스트레스로 인해 식습관까지 어려움을 보이고 있었지요.

당연한 결과로 체지방이 30퍼센트가 넘는 비만 상태였고, 특히 복부내장 비만은 걱정이 되는 수준이었어요. 정은 씨는 우울 검사에서도 경한 우울증상을 보였고, 스트레스 검사인 자율신경계 균형검사에서도 심한 불균형을 보였어요.

　스트레스 지수가 높으면 자율신경계 균형이 틀어지고 그 결과로 우울, 불안, 불면이 생겨요. 이 병원 저 병원 찾아다녀도 원인을 찾을 수 없는 피로나 통증, 스트레스성 위장관 증상이나 긴장성 두통 등이 발생하지요.

　"우울증이 의심된다고요? 저는 잘 모르겠는데요."

　정은 씨에게 검사 결과를 설명했더니 당황스러워했어요. 자신의 마음과 몸의 상태에 관심을 가질 여유조차 없이 바쁘게 살다가 무심코 친구를 따라와서 그런 검사 결과를 들으니 당황할 수밖에 없었겠지요.

　"정은 씨, 딸이 분명히 힘들고 불편해 보이는데 뭐 때문에 힘든지 물어도 잘 모르겠다고만 하면 어떻게 하시겠어요?"

　자신의 이름으로 살기보다 엄마로 사는 게 익숙하고 자신을 살피는 게 어색한 그녀에게 그녀의 증상을 딸이 그대로 보이면 어떻겠냐고 물었어요. 아이가 만사가 재미없다고 하면서 살이 계속 찌고 매일 밤잠을 설치면 어떻겠냐고요.

"그러면 걱정이 되어 아이 상태를 묻고 건강을 챙길 것 같아요."

"딸에게 힘든 걸 물어도 잘 모르겠다고만 하고 매사에 관심조차 없어 보이면 정은 씨는 어땠을까요? 딸의 몸과 마음이 많이 지쳐있다면 벌써 클리닉을 찾지 않았을까요? 딸이 아플 때 엄마로서 관심을 갖는 것처럼 지금부터라도 스스로의 몸과 마음을 살펴보시겠어요?"

"제가 그동안 정말 지치고 힘들었던 것 같아요. 힘들다는 생각을 할 여유조차 없었나 봐요. 이 이야기를 하는데 왜 이렇게 눈물이 나죠?"

그제야 그녀는 힘들다고 생각하면 견딜 수 없을 것 같아서 괜찮은 척 하루하루를 어떻게 버텼는지 이야기하며 눈물을 흘렸어요. 이후 그녀는 일주일에 한 번씩 클리닉을 찾아와 우울·폭식 치료와 다이어트 치료를 받았지요.

그녀는 주치의가 알려준 대로 자신에게 더 관심을 가지고 스스로를 돌보고 챙기니 자기 이해도 깊어지고 스트레스가 쌓이는 정도도 줄어드는 것 같다고 했습니다.

"엄마가 되니 내게 쓰는 돈이 아깝다고 생각했는데 돌아보니 돈뿐만 아니라 마음조차 쓰지 않고 살아왔네요."

이후 마음과 몸의 무게가 한결 가벼워진 그녀는 주치의가 걱정하는 부분이 있으면 당황하는 게 아니라 더욱 자신을 돌보기 시작했어요. 그녀는 자신의 몸과 마음을 같이 살펴주는 주치의가 있다는 게 큰 위로와 힘이 된다고 말했지요.

누군가는 엄마와 아내라는 이름으로, 누군가는 아빠와 남편이라는 이름으로, 누군가는 딸·아들이라는 이름으로 자신보다 다른 가족을 생각하고 챙기기에 바빠요. 그러느라 자신도 무척 소중한 존재임을, 돌봄과 챙김이 필요한 존재임을 잊고 사는 건 아닌지요.

스스로에게 마음을 쓸 수 있어야 당신의 건강과 행복이 지켜지고 가족의 행복도 지속됨을 기억했으면 좋겠어요.

스트레스를 견딜 수가 없어요(지나친 스트레스)

"직장 상사 때문에 스트레스를 받아서 견딜 수가 없어요."

"명절에 친척이 모이면 시집가라는 잔소리 때문에 스트레스를 받아요."

이처럼 '스트레스'라는 단어는 우리가 자주 말하고 듣는 익숙한 단어예요. 하지만 대부분 '스트레스=스트레스 요인(stressor)' 또는 '스트레스=심리적인 긴장 상태' 정도로만 인식하고 있어요. 스트레스 클리닉에 방문한 환자들은 스트레스 검사인 자율신경계 균형검사를 합니다. 그 결과로 심한 자율신경계 불균형이 보이면 스트레스에 대한 상의를 합니다.

"심적으로 스트레스 받을 일은 크게 없어요."

그럴 때 저는 환자에게 마음뿐 아니라 몸에도 무리 되는 상황이나 긴장이 없는지 다시 묻습니다.

"업무 자체가 긴장의 연속이고 야근 안 하는 날을 손에 꼽을 정도예요. 바빠서 잠을 잘 자지 못하니 몸에 무리가 되죠. 그래도 힘들다고 생각하면 스트레스만 받으니까 그냥 그러려니 하고 정신적으로 스트레스 받진 않아요. 다 그렇게 살지 않나요?"

정신적으로 스트레스를 크게 받지 않는다는 환자의 말을 들어보면 실상은 그가 매일 과중한 스트레스를 견디는 상태임을 알 수 있어요. 이렇게 '마음과 몸'의 긴장을 분리해서 물어야만 겨우 힌트를 얻기도 하지만, 실은 질문 자체가 잘못되었어요. 몸과 마음은 따로 움직일 수 없기에 "몸과 마음의 스트레스가 없나요"라고 묻는 게 맞아요.

스트레스는 '심리적인 긴장 상태'나 '스트레스 요인'보다 더 큰 의미가 있어요. 스트레스는 스트레스 요인에 대한 몸과 마음의 생리적인 반응 방식이지요. 한밤중에 골목길을 혼자 걷고 있는데 뒤에서 낯선 사람이 쫓아오거나 운전 중에 반대편 차선에서 차 한 대가 중앙선을 넘어 내게 돌진한다고 생각해보세요.

누군가는 '무섭다', '긴장된다'와 같은 정서적 반응을 크게 느낄 수 있고, 또 누군가는 심장이 두근두근하고 머리털이 쭈뼛하는 몸의 반응이 더 주되게 나타날 수 있어요. 긴장하는 정도도 사람마다 다르지요. 하지만 긴장을 전혀 하지 않는 사람도 있을까요? 몸은 놀랐는데 마음은 전혀 놀라지 않았거나 마음은 놀랐지만 몸은 괜찮을 수 있을까요?

우리의 몸과 마음은 서로 끊임없이 상호작용을 하기에 둘을 떼어 생각하는 것 자체가 불가능하지요. 누구나 한 번쯤 골치 아픈 일이 생겼을 때 실제로 두통이 오거나 받아들이기 힘든 일이 생겼을 때 소화가 되지 않는 경험을 했을 거예요.

실제로 사람은 스트레스 요인이 발생하면 자율신경계인 교감신경이 활성화되고 긴장 상태가 됩니다. 하지만 우리 몸은 긴장 상태를 오래 견딜 수 없어 부교감신경이 뒤따라 활성화되어 몸이 평형상태로 돌아오게 하지요. 이런 평형상태를 '항상성'이라고 부르고요.

스트레스를 받는다는 건 심리적이든 신체적이든 어떤 스

트레스 요인이 압력으로 작용하여 각 개인이 가진 대처 능력을 초과해 평형상태를 유지할 수 없는 상태가 된 것입니다. 심지어 스트레스 반응은 스트레스 요인이 좋은 일인지 나쁜 일인지도 크게 가리지 않지요.

예를 들어 사랑하는 사람과의 결혼이나 학교 입학, 원하던 집으로의 이사와 같이 인생의 좋은 변화도 스트레스 요인으로 작용할 수 있어요. 큰 변화에 적응하는 과정에서 몸과 마음의 평형이 깨질 수 있기 때문입니다.

또한 업무의 긴장과 같은 요인은 어느 선까지는 업무능력을 향상시키는 긍정적인 스트레스(eustress)가 되지만, 어느 선을 넘었을 때는 지나친 긴장으로 고통이 되는 스트레스(distress)가 되어 업무에 방해가 되기도 하지요.

스트레스는 스트레스 요인에 대한 몸과 마음의 자연스러운 생리적 반응입니다. 문제는 스트레스 자체가 아니라 스트레스인지 눈치 못 채고 꾹꾹 누르는 거예요. 그러면 어느 날부터인가 알 수 없는 불안감에 잠을 잘 자지 못하거나 두통과 복통 등 몸의 통증이 심해집니다. 이 병원, 저 병원에 다녀보지만 스트레스가 원인일 뿐 다른 문제는 없다는 이야기를 듣는 게 가장 흔한 예입니다.

또는 직장에서 스트레스 받는 줄도 모르고 스트레스를 차곡차곡 쌓아놓았다가 배우자나 자녀에게 생뚱맞게 사소한 일로 불같이 화를 내는 경우도 있지요. 화를 내는 일이 잦아진 스스로에게 놀라 병원을 찾은 환자에게 잔뜩 눌린 용수철을 그리며 스트레스를 설명합니다. 그가 몸과 마음이 받는 스트레스를 꾹꾹 눌러두었다가 임계치 직전에 마지막으로 살짝 건드린 사람에게 용수철이 튀듯 버럭 화를 낸 건 아니었을지 생각하게 하지요.

이 경우 "뚜껑이 열린다"라는 말이 스트레스를 잘 표현하는 것 같아요. 압력밥솥에 밥을 하면 점점 증기압력이 차오르지요. 그때 꼭지를 열면 증기가 무섭게 쏟아져 나옵니다. 그 증기에 손이나 얼굴이 닿으면 크게 화상을 입을 정도지요. 증기를 차게 한 것은 외부 열기인데 꼭지를 연 사람이 화상을 입습니다.

하지만 압력밥솥 입장에서 '마음을 헤아리는 연습'을 해보세요. 압력밥솥은 증기가 차고 싶어서 찬 게 아니고, 꼭지가 돌고 싶어서 돈 것도 아니고, 누군가에게 화상을 입힐 작정으로 증기를 내뿜은 것도 아니지요. 놓친 게 있다면 증기가 꽉 차기 전에 미리 조금씩 증기를 빼주지 않은 거예요.

내가 어떤 스트레스를 받고 있는지, 스트레스 받을 때 내 몸과 마음의 주된 반응이 무엇인지만 알아도 삶은 훨씬 더 편안해질 수 있어요. '내가 스트레스를 받는 상황이구나'만 알아차려도 성공입니다. 그러면 과도한 스트레스를 눌러놔서 건강을 해치거나 스트레스에 필요 이상으로 몰입되지 않고 그 과정을 있는 그대로 경험하고 넘길 수 있지요.

많은 이가 내 몸과 마음의 스트레스 반응을 잘 살피는 게 대체 어떤 도움이 되냐고 제게 되물어요. 오히려 스트레스를 안 받는다고 생각하는 게 낫지 않느냐고요. 하지만 힘들 때 가족이나 친구가 어떤 부분이 힘든지 마음을 담아 살펴주는 것만으로 위로를 받은 경험이 있지 않나요. 그렇듯 24시간 나와 함께하는 나 자신이 스스로를 잘 살피고 챙기는 건 사랑하는 사람의 보살핌 이상의 힘이 있습니다.

예를 들어, 긴장이 될 때마다 약간의 복통이 있음을 스스로 알아차리면 배가 아플 때 당황해서 더욱 긴장하거나 번번이 병원을 찾는 대신에 잠깐의 심호흡과 따뜻한 차를 마시는 것으로도 편안해지는 경험을 할 수 있어요. 시급한 일이 아니라면 무리하게 진행하지 않고 잠시 쉬어 과도한 스트레스를 막을 수도 있고요.

스트레스를 무턱대고 누르기만 하면 언젠가 용수철처럼 튀어 올라 자기를 더욱 괴롭힐 수 있습니다. 잠들기 전에 "오늘 하루도 애썼다"라고 스스로를 토닥이면서 스트레스 받은 건 없는지 살피는 지혜가 필요해요.

너무 억울해서 화가 나요 (화병)

"가슴이 답답하고 꽉 막힌 것 같아요. 속에서 뜨거운 게 울컥울컥 치밀어 올라요. 울분이 치솟고 머리가 아프기 시작하면 밤새 한숨도 못 자요."

50대 후반의 영희 씨는 남편과의 이혼 소송 도중 스트레스 클리닉을 찾았습니다. 그녀는 남편의 지속적인 외도로 몇 년째 별거 중이었고, 남편과는 자녀 문제로 꼭 필요한 내용을 전하는 것 외에는 서로 연락도 주고받지 않는 상태라고 했지요.

하지만 그녀는 남편이 아이들에게는 꾸준히 연락하고 중요한 행사는 잘 챙겨왔기에 그가 언젠가는 마음을 돌려 제자리를 찾을 거라는 희망으로 버텨왔다고 했습니다. 아이들이 결혼할 때까지는 서류상으로나마 이혼한 부모가 되고 싶지 않은 마음도 크다고 했어요.

그런데 몇 개월 전 남편이 딸뻘인 여자를 만나기 시작하면서 상황이 더 안 좋아졌습니다. 남편은 아이들에게도 일절 연락을 끊고 영희 씨에게 이혼을 요구하기 시작했지요. 그녀는 남편의 외도로 평생 지긋지긋하게 시달리면서도 그에게 아빠로서 최소한의 책임감은 있다고 믿고 싶었다고 했습니다. 그마저 무너지니 지금까지 기다려온 세월이 한스럽고 후회가 돼 견디기 힘들다고 토로했지요.

우울하기도 하지만 그보다 억울하고 화가 난다고 했어요. 온몸에 기력이 없고 안 아픈 데가 없는데, 특히 가슴이 아프고 뭔가 뜨거운 게 치밀어 오르며 목이 막히는 느낌이 든다고 했습니다.

영희 씨는 화병(火病:Hwabyung)을 앓고 있었지요. 화병은 '분노장애'를 의미하기도 해요. 한국은 분노를 화로 표현하는 문화가 있어서 "분노가 일어난다"라는 말을 "화(火)가 난다" 또는 "열(熱) 받는다"라고 표현하지요.

화병이 국제적으로 합의된 정식 진단은 아니지만 미국정신의학회에서 "Hwabyung"으로 공식 표기할 만큼 국제적으로도 한국인 특유의 질환으로 인정되고 있어요.

연세대학교 정신건강의학과 민성길 명예교수에 의하면 화병은 분노 또는 분노와 관련된 복합적인 감정, 즉 억울하고 분함, 공격성, 증오, 한 등을 사회적으로 원만한 인간관계를 위험에 빠트리지 않기 위해 오래 참으며 쌓인 과정에서 발생한다고 합니다. 억울함이나 화는 분노가 억제된 상태인 거지요.

한국을 '한(恨)의 민족'이라고도 하는데 '한'은 눈물과 탄식의 현상이며, 화병은 한이 원인이 되어 몸이 아픈 수준에 이른 걸 말해요. 화병은 분노와 좌절 등의 복합적인 신체화(정신적 필요가 신체 증상으로 표현되는 과정)로 이해돼요. 환자 입장에서는 몸이 아프니 대체로 일반 내과나 한의원을 찾게 되지요.

화병은 정식 진단이 아니기에 공인된 진단 기준이 없지만 다음 증상들이 있다면 임상적으로 화병이라고 생각해볼 수 있어요.

A. 개인은 반복적으로 분노를 유발하는(화나는 일, 억울하고 분한 일, 충격 받은 일, 스트레스 등) 상황(남녀관계, 가족관계, 기타 인간관계, 금전이나 사회적 문제)에 노출되거나 참을 수밖에 없다.

B. 다음 화병 특유의 증상이 3개 이상 있다.

  1. 주관적 화 또는 분노(subjective anger)

  2. 억울하고 분함(feeling of unfairness)

  3. 분노의 외적 행동 표현(expressed anger)

  4. 열감(heat sensation, 화끈화끈하다, 몸이 덥다, 더운 것을 못 참는다 등)

  5. 증오심(hostility, hatred, 미움)

  6. 한(han)

C. 다음 화병 관련 증상이 4개 이상 있다.

  1. 속에서 치밀어 오름(pushing up in the chest)

  2. 가슴속 덩어리(epigastric mass, 명치, 배 속, 목 등에 덩어리 또는 응어리)

  3. 답답함, 숨 막힘(respiratory stuffiness)

  4. 가슴 뜀(palpitation)

  5. 구갈(dry mouth)

  6. 한숨(sigh)

  7. 잡념(many thoughts)

8. 하소연 많음(talkativeness, much pleading)

D. 분노 및 그와 관련된 증상들이 사회적, 직업적, 기타
중요한 기능 영역에 임상적으로 유의한 고통과 장애
를 유발한다.

<최신정신의학 제6판> 참고

즉 화병은 속이 크게 상할 만큼 억울하고 분한 일을 당하
거나 속상한 일을 오랜 시간 참는 과정에서 생겨요. 그러면
속에서 뭔가가 치밀어 오르거나 가슴이 뛰는 것과 같은 신체
의 증상이 같이 나타납니다.

정식 진단이 아니기에 현재 스트레스 클리닉에서는 신체화
장애, 범불안장애, 우울증, 공황장애, 충동조절장애 등으로
진단하고 치료하지요. 그럼에도 화병이라는 단어 자체가 한
국 사람에게 아주 익숙한 일상적 용어이기 때문인지 환자들
에게 "화병이 온 것 같다"라고 하면, 그 어떤 정신과적 어려
움에 대한 설명보다 쉽게 받아들입니다.

화병은 스트레스로 인한 신체 증상이 생활에 지장이 될 정
도로 찾아온다는 점에서 신체화장애나 공황장애와 유사한

면이 많아요. 하지만 화병에 걸려 스트레스 클리닉에 찾아오는 사람들의 심적인 고통은 임상적으로도 우울이나 불안보다는 억울, 분노에 가깝게 느껴집니다.

또한 화병에서 경험하는 신체 증상은 이름에 걸맞게 '화'(火), 즉 '열'(熱)의 느낌에 가까워요. 전형적으로 뜨거운 게 가슴 안에서 울컥울컥 치받는 느낌을 호소하지요. 저도 환자들을 만날 때마다 '우울'이라는 표현으로는 설명할 수 없는 '화가 치솟고', '열이 받는' 경험에 공감하게 됩니다.

화병은 왜 찾아올까요? 다른 질환과 마찬가지로 몸, 마음, 환경, 영적인 요인이 모두 영향을 미치지만 마음과 환경의 요인(사회 문화적 요인)의 영향이 비교적 큽니다. 반복되는 스트레스가 가장 흔한 요인이라는 거지요.

주로 중년 이상의 여성에게 많이 나타나는데 가장 대표적인 원인은 남편이나 시댁과의 반복되는 문제입니다. 환자들을 대상으로 한 설문 조사를 보면 배우자의 외도나 폭력적인 언행, 음주, 도박과 같은 문제, 시댁 문제, 돈을 떼인 일, 경제적인 어려움, 자녀가 속을 썩임 등이 스트레스 요인이 되는 경우가 많아요.

또한 한 가지 문제를 한 번 경험한 경우보다 여러 문제가 수년간(보통 10년 이상) 쌓여온 경우가 많았습니다. 앞서 화병이 불편한 감정을 '오래 참고 참아 쌓이고 쌓인' 과정에서 발생한다고 표현했던 이유가 이 때문이지요. 화병에는 한국 특유의 권위적이고 강압적인 유교 문화, 가부장 문화, 남녀 차별 문화, 사회계급 문화가 큰 영향을 미칩니다.

영희 씨의 경우처럼 남편의 외도, 폭력과 같이 억울한 일을 당하면서도 자녀를 생각해서 참고 또 참지요. 이는 엄마라면 자녀를 위해 누군가 자신을 해하는 상황에서조차 참고 희생해야 한다는 가부장적 문화의 영향도 있을 거예요.

이 과정에서 쌓이고 쌓인 화가 병이 되지요. 억울한 일을 당하면서도 더 안 좋은 상황을 피하려고 혹은 좋은 며느리, 아내, 엄마로 인정받고 싶어서 참다가 견딜 수 없을 정도로 울분이 쌓이면 화병이 됩니다.

물론 같은 경험을 했다고 모두 화병이 오는 건 아니에요. 주로 급하거나 소심하거나 내성적이거나 완벽주의이거나 예민한 성격의 사람이 많이 걸립니다. 또 자존감이 낮고 사회적으로 다양한 상황에 대처하는 능력이 낮은 경우에도 많이 생깁니다.

이제는 정말 참기만 하는 게 모두를 위한 것인지 생각해야 해요. 엄마가 아빠로부터 지속적인 폭력을 당하면서도 자녀를 생각해 참은 경우를 예로 들어볼게요. 엄마는 자녀를 '아빠 없는 아이'로 만드느니 혼자 참고 희생하면 된다고 생각하지요. 하지만 성인이 된 자녀는 오히려 참고 견딘 엄마를 보며 속상해하면서 심지어 '원치 않는 희생'이었다고 화를 내기도 합니다.

"내가 정말 원하는 건 아빠 없이 자라더라도 엄마가 맞을까 봐 걱정하며 불안해하지 않는 거였어!"

이런 말을 들으면 참는 것만이 고통에 대한 유일한 반응이라 생각하며 긴 시간을 견딘 엄마는 어떨까요? 이미 감정적인 어려움을 드러내는 게 어렵기에 이 상황에서조차 속상한 마음을 표현하지 못하고 몸이 더 아픈 안타까운 경우를 봅니다.

속상한 일을 경험할 때, 무조건 참는 것보다 부드럽고 지혜롭게 표현하는 게 좋아요. 사실 참는다는 건 억울한 마음을 늘 갖는 것이기에 상대편이 작은 잘못을 해도 '내가 너한테 어떻게 했는데!' 하는 마음으로 큰 갈등이 야기되기도 해요.

긴 시간 동안 속상한 마음을 참으며 '언젠가는 내 희생을 알아주겠지' 하는 기대를 알게 모르게 한 거지요. 하지만 호의는 반복되면 권리가 되고, 받기만 한 사람은 상대가 희생하며 무리하는 줄도 모르고 당연히 받을 걸 받는다고 생각합니다. 사람은 대체로 최소한 '사람으로서의 기본'은 지키려는 경향이 있지만 그 기본에 대한 개인의 생각이 다름을 이해해야 화병이 올 확률이 줄어들지요. 스스로 "나는 기본도 지키지 않는 사람이야"라고 말하는 사람을 만나기는 아주 어렵기 때문이에요.

뜨거운 게 울컥울컥 올라오고 가슴이 답답해서 나도 모르게 깊은 한숨만 쉬고 있다면 혹시 화병이 온 건 아닌지 마음을 찬찬히 살펴보세요. 무조건 희생하는 관계를 유지하는 것보다 건강한 관계를 지혜롭게 맺는 연습이 절실합니다.

2장

불안한 당신에게

타인의 삶은

그들과 하나님 사이의 몫으로 남기고,

나는 내 삶의 모습을 인정하고 긍정하세요.

비교를 멈추고

내 그릇이 질그릇일지라도 잘 채워보세요.

보석 구슬만 담으면서 살 수 없음을 인정하고

다채로운 삶의 순간을,

심지어 실패의 어두운 순간이라 할지라도

잘 경험하며 내 인생을 사는 것입니다.

그간 나 자신의 노력 또한 칭찬해주세요.

"그동안 주어진 상황에서 참 잘했어. 많이 애썼어."

코로나19가 두려워요(재난 후 트라우마)

2019년 12월에 중국 우한에서 처음 발생한 호흡기 감염 질환인 코로나바이러스감염증-19(이하 코로나19)가 세계적인 전염을 보이고 있습니다. WHO는 2020년 1월에 '국제적 공중보건 비상사태'를 선포했고, 3월에는 1968년 홍콩독감, 2009년 신종플루에 이어 세 번째로 '세계적 대유행'(pandemic, 팬데믹)을 선포했지요.

처음 몇 달만 해도 사람들은 극심한 공포를 느끼면서도 곧 멈출 거라는 기대감으로 버텼지요. 그래서 최소한의 일상만 유지하고 외부활동을 자제했어요. 마스크가 무엇보다 중요한 생활필수품이 되었고 진료실의 모습도 변했습니다. 표정을 살피는 게 중요한 스트레스 클리닉인데 서로 마스크를 끼고 이야기를 나누어야 했지요.

마스크뿐 아니라 장갑 위에 비닐장갑까지 끼고 완전 무장을 한 채 오는 사람도 있었어요. 청결 강박이 있는 환자 중에는 타인이 앉았던 의자에 앉기가 꺼려진다며 선 채로 진료를 받는 이도 있었습니다.

또 코로나19가 멈출 때까지 집 밖으로 나오지 않을 생각이라며 한 달 이상의 장기 처방을 부탁하기도 했어요. 하지만 유행이 장기화되자 모두 지쳤습니다. 심각한 전염병으로 인한 재난에 여전히 두려움을 느끼면서도 몸과 마음이 지치고 무력해져 개인위생을 지키는 것 또한 느슨해지기도 했지요.

신앙인들에게 코로나19는 더욱 견디기 힘든 재난이었습니다. 예배를 드리는 게 어려워지면서 영성의 건강이 흔들릴 뿐 아니라 사회적인 지지환경의 기반을 교회 공동체에 두고 있던 성도들의 사회 환경적 건강도 약해졌지요. 물론 교회마다 인터넷 예배를 준비하고 화상으로 소모임을 하는 등 가능한 방법으로 도우려 최선을 다했습니다.

하지만 인터넷 예배에 접근할 수 없는 취약계층일수록 같은 재난에도 더 큰 어려움을 겪었지요. 개인뿐 아니라 많은 교회가 어려운 상황에서 믿지 않거나 신앙이 없던 사람이 교회를 찾기는 불가능에 가까워졌어요. 신앙인들도 몇 달씩 교회에 방문하지 않다 보니 신앙이 흔들리기도 했지요.

막 신앙을 가지려던 사람이라면 더욱 마음을 지키기가 어려웠겠지요. 교회를 다녀보려고 했는데 교회 방문이 꺼려져 신앙생활을 시작하지 못했다는 사람들도 봤습니다.

폐업이나 실직으로 경제적인 어려움도 점점 커졌어요. 신앙인도 코로나19로 인한 재정의 어려움을 피하기 힘들었지요. 교회도 예외는 아니었어요. 특히 작은 교회들은 문을 닫을 위기에 봉착했고 실제로 문을 닫은 교회도 생겼지요.

'하나님, 왜 이런 고통을 허락하십니까?'

이럴 때 우리는 하나님께 원망인지 질문인지 알 수 없는 기도를 드리기도 해요. 이 재난으로 직접적인 고통을 당한 사람들은 물론이고 우리 모두가 전염병 피해를 입었습니다. 모두의 일상이 크게 변했고 원치 않는 변화에 적응해야 했지요. 이런 상태가 언제 끝날지조차 알 수 없어 답답한 상황입니다.

이 재난이 종식된 이후에 잃은 것들에 대한 상실감과 분노에 어떻게 대처해야 하는지, 달라진 삶에 어떻게 새로이 적응하고 회복해야 하는지도 막막하고요.

이처럼 심각한 재난 가운데서 어떻게 우리의 몸과 마음의 건강을 지킬 수 있는지 알아볼게요.

: 솔직하게 마음 아파하기

재난의 상황에서도 마음 아파하지 않는 게 신앙이라 생각하는 사람이 있을 수 있어요. 어떤 아이가 넘어져 멍이 들 정도로 다쳤다고 생각해볼게요. 물론 똑같이 다쳐도 크게 힘들어하지 않고 홀홀 털고 일어나는 아이도 있겠지요. 하지만 대부분은 무척 아파하고 속상해할 거예요.

이때 부모에게 뛰어가 울면 자기를 안아주고 토닥여줄 걸 아는 아이는 속상함을 잘 표현해요. 반면에 부모에게 달려가도 이까짓 일로 왜 우냐며 혼날 걸 아는 아이, 속상한 마음을 표현하는 게 좋지 않다고 배운 아이는 울음을 참겠지요. 어떤 아이가 마음이 건강할까요? 당연히 전자입니다.

우리는 그 어떤 정체성보다 하나님의 자녀로서의 정체성을 가졌어요. 저는 하나님 안에서 솔직하게 마음 아파하는 신앙인이 건강한 하나님의 자녀라고 생각해요. 하나님이 우리의 아버지 되심을 인정하고 그 품 안에 머물러있으면, 그분은 우리의 작은 신음에도 응답하실 참 부모이시기 때문입니다.

: 하나님의 주권 인정하기

이럴 때 우리는 자꾸 묻고 싶어집니다.

'하나님, 대체 왜 이런 일이 생겼나요?'

하지만 하나님의 주권은 우리가 이해할 영역이 아니라 인정할 영역입니다. 신앙의 영역이지요. 그래서 내 힘으로 어찌할 수 없는 걸 해결하려고 하는 것 또한 하나님의 주권을 온전히 인정하지 않는 것일 수 있어요.

: 오늘 내가 할 수 있는 일 하기

어쩔 수 없는 일에 지나치게 매이는 건 오늘 내가 할 수 있는 일조차 할 수 없게 만들 뿐이에요. 우리가 어쩔 수 있는 일은 생각보다 많지 않아요. 외부 환경의 어려움이 커지면 커질수록 우리가 할 일은 줄어들 수밖에 없지요. 하지만 하나님께서는 그 작은 일을 하는 우리의 중심이 중요하다고 하십니다.

내게 중요한 가치가 '복음'이라면 코로나로 인해 사람을 만나서 적극적으로 전도를 하진 못해도 힘이 되는 문자로 마음을 전할 수는 있어요. 내게 중요한 가치가 '섬김'이라면 교회에서 교사로 봉사하지는 못해도 방역을 도울 수는 있어요.

무엇보다 건강을 지키기 위해 오늘 내가 할 수 있는 일에 적극적 태도를 갖는 게 중요합니다. 하루하루 지치고 지겨워도 기본적인 전염병 예방 수칙을 잘 지키는 게 바로 내가 할 수 있는 일이지요. 이와 반대로 어쩔 수 없는 일에 마음과 에너지를 쓰며 오늘 내가 할 일을 하지 않는 건 하나님이 주신 달란트를 땅에 감추는 것과 같습니다.

: 전문가의 도움 받기

도움을 받을 수 있는 용기가 있는 사람은 지혜로운 사람입니다. 재난의 시기에 특별한 어려움을 경험하고 있다면 도움 받을 방법을 적극적으로 찾는 게 좋아요. 어려움은 내어놓아야 줄어들기 때문이지요.

눈에 보이는 도움을 얻을 수 있는 상황이 아니라면 믿을 만한 사람에게 마음을 나누고 힘과 위로를 얻는 것도 좋은 자원이 될 수 있어요. 정서적인 어려움이 생활에 지장을 줄 정도라면 전문가의 도움을 받는 게 좋습니다.

한국트라우마스트레스학회(kstss.kr)에서는 2020년 3월 〈감염병 심리사회방역지침〉을 내놓았어요. 다음과 같은 신호가 있을 때는 정신건강 전문기관에 도움을 요청하는 게 좋습니다.

- 스스로를 자책하거나 위축되는 마음을 느낀다.
- 화와 두려움을 비롯한 힘든 감정들을 조절하는 게 어렵다.
- 감염병 재난 시 놀랐던 느낌들이 되살아나고 회피하는 것들로 인해 일상생활이 어렵다.
- 불안과 우울감을 쉽게 느낀다.
- 사람들과 어울리지 않고 혼자서만 지내려고 한다.
- 과음, 물질 사용, 처방받지 않은 약물을 자가 처방하여 복용한다.
- 자살, 자해, 타해에 대한 충동을 느낀다.
- 고인(故人)이 얼마나 고통스러웠을지에 대해 몰두한다.
- 미래에 대한 절망감과 삶에 대한 무망감을 느낀다.

〈감염병 심리사회방역지침〉 참고

여전히 코로나가 지속되고 있는 혼돈의 시기입니다. 내가 겪는 재난이 무엇인지, 이것이 내게 남긴 어려움이 무엇인지 명확히 보이지 않지요. 오히려 유행이 지속되는 시점에는 심리적인 문제가 잘 드러나지 않을 수 있습니다.

이 재난의 유행이 그치면 사람들은 아마 허망한 마음과

상실감에 더욱 괴로워할 거예요. 그때도 우리는 하나님을 떠나지 않고 그분의 품 안에서 위로를 경험하며 우리가 할 수 있는 작은 일을 해야 해요.

오늘도 이 어려움 중에 하나님의 도우심을 구하며 기도합니다. 두려운 전염병 앞에서도 어려운 이들을 직접 치료하고 돕는 모든 분에게 깊은 존경을 표합니다.

공황장애에서 벗어날 수 있을까요?(공황장애)

많은 연예인이 공황증상을 토로하면서 공황장애는 '연예인 병'이라는 별명이 생겼어요. 공황장애가 사회적으로 잘 알려지자 진료실에서 이전과 다른 두 가지 모습을 봅니다.

첫 번째는 우울증이나 불안증이 있는 환자들이 우울과 불안 증상과 함께 나타난 공황증상에 더 관심을 갖고 스스로를 공황장애로 이해하고 싶어 하는 경우가 많아요. 또한 가족이나 가까운 지인에게 정신적 어려움을 말할 때도 자신을 공황장애 환자로 설명하는 경우를 자주 봅니다.

이는 신체 반응으로 나타나는 스트레스 상태를 조금 더 잘 받아들이는 한국 문화의 영향인 듯해요. 그래서 공황은

남들에게 드러내기가 비교적 쉬운 증상이 아닐까 생각해요. 화병 증상이 있을 때, 공식 진단 체계로 설명 가능한 우울증으로 설명을 듣기보다 공식 진단은 아니어도 화병 그 자체로 설명을 들으면 더 편하게 받아들이는 것과 유사합니다.

두 번째는 공황발작 정도가 아닌 일반적인 스트레스 상황의 신체 반응을 경험한 후에 공황장애 증상을 검색하고 지나치게 염려하는 모습을 봅니다. 경험해보지 않은 공황발작에 대한 '예기불안'이라고 할 수 있지요.

공황장애의 증상

공황장애란 반복적인 공황발작이 예상하지 못한 상태로 나타나는 질환입니다. 하지만 공황발작이 있다고 해서 모두 공황장애는 아니에요. 한 달 이상 예기불안이나 회피행동 중 한두 가지로 인해 생활에 큰 지장을 보일 때 공황장애로 진단합니다. 이해를 돕기 위해 공황발작, 예기불안, 회피행동을 좀 더 알아볼게요.

공황발작은 아래 13가지 증상 중 4가지 이상이 나타나며 극심한 공포와 고통이 갑자기 생겨서 몇 분 내에 최고조에 이릅니다.

1. 심장 박동 수가 점점 더 빨라짐

2. 진땀을 흘림

3. 몸이나 손발이 떨림

4. 숨이 가쁘거나 막히는 느낌

5. 질식할 것 같은 느낌

6. 가슴의 통증이나 답답함

7. 구토감이나 복부 통증

8. 어지럽고 몽롱하며 기절할 것 같은 느낌

9. 한기나 열감을 느낌

10. 감각 이상증(마비감이나 찌릿찌릿한 감각)

11. 비현실감이나 자기 자신과 분리된 듯한 이인감

12. 자기통제를 상실하거나 미칠 것 같은 두려움

13. 죽을 것 같은 두려움

〈DSM-5 정신장애 진단 및 통계 편람〉 참고

일반적으로 극심한 불안 상황에서 공황이 나타나는 것으로 오해하지만 실제로는 차분한 상태에서도 나타날 수 있어요. 공황발작의 기준에 딱 들어맞지 않아도 비슷한 신체 반응으로 어려움을 경험할 경우 '공황 유사증상'이라고 합니다. 공황장애는 공황발작뿐 아니라 한 달 이상 예기불안, 회피행동 중 하나나 두 가지 모두가 나타나야 진단합니다. 예기불안이란 공황발작 자체를 미리 걱정하거나 발작으로 인해 스스로를 통제 못 하는 상황이 되거나 미쳐버리거나 심장에 문제가 생기는 건 아닌지 미리 걱정하는 거지요.

회피행동은 공황발작을 피하기 위해 공황발작이 일어났던 장소나 그와 유사한 장소를 피하거나 비슷한 상황을 피하는 등 일상생활에 지장이 생기는 걸 말합니다.

또한 공황발작은 다른 불안장애나 우울장애, 외상 후 스트레스 장애와 같이 나타날 수 있어요. 또한 공황증상이 심장질환이나 갑상선 기능항진증과 같은 내외과적인 질환에 의해 나타났을 때는 공황발작으로 보지 않아요. 따라서 다른 질환이 있는지도 살펴야 하지요.

공황장애는 광장공포증을 동반할 수도 있어요. 이는 광장뿐 아니라 급히 빠져나갈 수 없는 상황에 도움 없이 혼자 있을 때 까닭 없이 공포를 느끼는 증상입니다.

이는 다음 5가지 상황 중 2가지 이상을 한사코 피하려 할 때 진단합니다.

1. 대중교통의 이용

2. 공개된 공간

3. 폐쇄된 장소

4. 줄을 서거나 군중 속에 있는 것

5. 혼자 집 밖에 있는 것

〈DSM-5 정신장애 진단 및 통계 편람〉 참고

광장공포증 환자에게 공개된 공간과 밀폐된 공간은 모두 두려운 공간일 수 있어요. 일반적으로는 이해하기 어렵지만 본인이 큰 어려움에 처했을 때 도와줄 사람이 없거나 자신을 도울 사람이 없는 상태에서 공황이 온 자신의 모습을 군중에게 보이는 것 자체가 두려운 거지요.

그래서 밀폐된 터널이나 엘리베이터뿐만 아니라 원할 때 내리기 어려운 대중교통을 이용하거나 군중이 많은 공간에 가는 걸 피합니다. 도움을 줄 사람과 꼭 함께 가려고 하지요. 광장공포증은 그 자체만으로도 관심이 필요하며, 광장공포증이 있는 사람의 3분의 2가 공황장애가 있을 정도로 두 질병은 깊은 관계가 있어요.

공황장애의 진단과 치료

공황장애 증상이 나타나면 문진, 자율신경계 검사, 혈액 검사, 심혈관계 검사를 합니다. 처음 증상이 나타났을 때 다른 내외과적 질환도 확인하는 게 좋아요. 하지만 정확한 진단은 전문가 상담이 필수입니다.

정신건강의학과 전문의는 공황장애를 진단할 때 공황발작, 예기불안, 회피행동이 환자의 삶의 어떤 영역에 지장을 주는지를 중요하게 봅니다. 공황 자체가 고통스러운 건 사실이지만 그로 인해 환자의 직장생활, 학업, 대인관계 등에서 기능이 떨어지는 걸 더 세밀히 점검하지요.

잦은 공황증상이 있어도 일상생활을 어느 정도 잘하는 경우가 있는가 하면, 증상을 몇 번 경험하지 않았어도 다시 일어날지도 모른다는 극심한 공포로 일상생활을 못 하고 '불안으로부터 도망가는 삶'으로 완전히 바뀌는 경우도 있습니다. 불안 반응 자체가 문제라기보다는 그것을 엄청난 문제로 보고 두려워하는 게 더 문제지요.

공황장애가 있을 때는 다른 마음건강도 특별히 살피는 게 좋습니다. 공황장애가 있는 사람의 91퍼센트가 최소한 하나 이상의 다른 정신적 어려움이 있는데, 40-80퍼센트는 우울증, 20-40퍼센트는 음주 문제를 동반하지요.

우울과 불안은 떼려야 뗄 수 없기도 하고, 불안이나 불면을 술로 해결해보고자 중독성 있는 약물인 술이 습관이 되는 경우가 많아요. 습관성이 없는 소량의 항우울 세로토닌을 먹는 건 몹시 어려워하면서도 매일 소주 한두 병을 마시는 건 큰 문제로 여기지 않는 경향이 있지요.

공황장애의 원인

공황장애는 왜 찾아올까요? 공황장애 또한 다른 질환과 마찬가지로 신체적, 정신적, 사회적 요인의 영향을 받습니다.

공황장애는 몸의 요인(생물 유전적, biological-genetic)의 영향을 받습니다. 먼저 자율신경계 문제입니다. 자율신경계는 우리의 의지와 관계없는 소화기능, 호흡기능, 순환기능 등의 자율기능을 담당해 신체의 항상성을 유지하게 하는데 여기에 문제가 생기는 거지요. 또 행복 호르몬인 세로토닌이나 가바 등 신경전달물질의 불균형도 요인이 되고, 호르몬 불균형도 영향이 있지요. 일상에서 커피나 술을 지나치게 많이 마시는 것도 영향을 줍니다.

공황장애 환자들은 이산화탄소 중추가 예민해서 이산화탄소 농도가 높은 답답하고 사람 많은 공간에 민감하고 뇌의 공포 회로에 이상을 보이기도 해요. 또한 유전적 요인이 중요하다는 것이 입양 연구, 쌍생아 연구 등을 통해 알려졌습니다.

마음과 환경의 요인(심리 사회적, psycho-social)도 있어요. 환자 대부분은 공황발작이 갑자기 찾아왔으며 자신에게는 심리적 원인이 없다고 말하지만, 잘 살펴보면 그 원인을 찾을 수 있습니다. 즉 스트레스 요인이 생물학적 요인을 건드려 공황이 발생하지요.

이별, 실직, 가정불화, 경제적 어려움, 과로 등이 공황장애에 큰 영향을 주는 것으로 알려져 있지요. 또한 어린 시절 부모와의 이별이나 성적 학대도 중요한 관련이 있어요. 이 외에도 가벼운 신체 감각을 잘못 해석하는 것, 예를 들어 '죽을 것 같다 또는 죽을 수 있다'라고 해석하는 게 공황의 중요한 요인입니다.

공황장애도 영성 요인(spiritual)이 발병뿐 아니라 치료에도 영향을 미칩니다. 진료실에서 만나는 신앙인들은 하나님은 평안의 하나님이신데 자신이 불안해하는 것 자체가 죄가 아니냐고 묻습니다.

어느 날, 신앙이 있는 여대생 정현 씨가 진료실에서 제게 같은 질문을 했어요. 그녀에게는 우울 불안의 가족력이 있었습니다. 그녀가 어릴 때 아버지가 우울로 자살했고 불안증이나 우울증이 있는 친척도 여러 명이었지요.

그녀는 아버지의 부재로 극심한 불안을 경험했고, 어머니도 정서적, 경제적 어려움으로 아이를 잘 양육하기가 어려웠습니다. 아버지의 자살은 가족력의 요인만이 아니라 환경적으로도 그녀가 불안정한 환경에서 성장하는 데 많은 영향을 주었지요.

정현 씨는 어려움 속에서도 신앙인으로서 애쓰며 살았지만 늘 평안하지 못한 자신을 탓하며 죄책감에 괴로워했습니다. 그런 그녀에게 제가 말했어요.

"정현 씨, 얼굴이 정말 하얗군요. 그런데 저는 정현 씨의 구릿빛 피부가 보고 싶으니 내일 아침까지 그렇게 되세요!"

"에이 선생님, 어떻게 내일 당장 제 피부가 달라져요."

"그걸 왜 못해요. 마음만 가지면 되지 왜 안 된다는 거예요. 당장 내일 아침까지 피부색을 바꾸어놓으세요!"

그녀는 알 듯 모를 듯한 표정을 지었지요.

"정현 씨, 지금 마음이 어떠세요?"

"답답하죠. 당장 안 되는 걸 되게 하라고 하니."

"그렇지요? 당장은 힘들겠지요? 물론 노력은 할 수 있겠지요. 매일 햇볕을 받으며 운동을 하거나 급하면 다른 방법을 쓸 수도 있지요. 그래도 원래 피부색이 하얗다면 햇볕을 봐도 빨개졌다가 곧 회복될 테니 태우려는 노력도 다른 사람보다 더 해야 할 거예요.

정현 씨는 최선을 다해 살면서도 남과 비교하여 스스로 실망을 반복하며 죄책감을 느끼시네요. 그동안 정말 많이 노력했고 많이 좋아졌잖아요. 하지만 불안하게 태어나고 불안하게 자란 내가 어떻게 불안한 체질조차 없겠어요. 그런 나를 스스로 귀하게 여기고 그 불안조차도 얼마만큼은 받아들이면 어떨까요?"

덜 불안해지기 위해 노력하는 것도 중요하지만 불안한 나를 있는 그대로 인정하고 수용하는 것도 중요하다는 말은 처음 만나는 사람에게는 하기 힘들어요. 자신의 고통의 깊이를 이해하지 못해서 하는 말이라고 오해할 수 있으니까요.

하지만 저는 꾸준한 진료로 저와 안정적인 관계를 맺은 우울, 불안, 공황 환자에게는 그 질병을 떼어내는 데만 집중하지 말고 불편하지만 그것을 인정하고 데리고 살아주자고 말합니다.

없던 일로 하고 싶은 마음은 이해하지만 우울과 불안이 내게 어떤 모습으로든 남기 때문이지요. 그리고 평안하지 못함을 자책하는 데 에너지를 쓰며 오늘 내가 할 수 있는 일조차 평안해진 이후로 미루지 말라고 권합니다.

불안의 요인이 된 부모를 바꾸거나 어린 시절로 되돌아가거나 내일 당장 불안하지 않은 내가 되지 못합니다. 하지만 내 몸, 마음, 사회적 환경과 이 질병을 어떤 관점으로 바라보고 반응할지를 결정하는 건 신앙인인 내게 맡겨진 일일 테니까요.

실패한 내 시간, 어떻게 하나요?(실패와 낙담)

우울증, 폭식증 치료와 다이어트를 위해 내원한 20대 초반의 한나 씨는 단기간에 무리한 체중감량을 원했습니다. 저는 몸에도 좋지 않고 폭식으로 정신건강도 악화될 수 있으니 건강을 챙기며 천천히 다이어트를 하자고 했어요. 그랬더니 그녀가 머뭇거리다 말했지요.

"사실 제가 걸그룹에 속해있어서요."

제가 구체적으로 묻자 더 작아진 목소리로 말하며 눈물까지 흘렸습니다.

"전 현역 걸그룹이에요. 아마 이름은 말해도 모르실 거예요. 잘 안 되어서 곧 없어질 거거든요. 그래도 마무리 활동까진 해야 하는데 이 몸으로는 활동이 어려워서요."

수년간 열심히 연습해서 데뷔하고 몇 년 동안 최선을 다해 활동했지만 결국 그룹이 해체되었다고 했습니다. 그녀는 지난 노력의 결과가 실패라는 생각에 좌절했고 절망감으로 마음이 크게 상한 상태였지요. 스스로 필요성을 인식해서 병원을 찾았지만 폭식, 다이어트보다도 우울증상이 더 염려될 정도였습니다.

요즘 연예인을 목표로 준비하는 10대 청소년이나 실제로 활동 중인 이들을 만나면 데뷔가 얼마나 큰 노력을 필요로 하는지 알 수 있어요. 공부로 대학에 가거나 예체능으로 대학에 가는 것만큼이나 연예인이 되는 것도 쉬운 일이 아님을 봅니다.

타고난 재능도 있어야겠지만 운동선수처럼 철저하게 훈련을 받아야 하고, 올림픽에서 메달을 따느냐 마느냐와 같이 실력에 더해 운까지 따라줘야 하지요. 대중에게 보여지는 외적인 부분에 대한 관리도 철저해요. 특히 체중 조절을 위해 엄청난 노력을 해야 하기에 이로 인해 건강까지 해치는 경우도 있습니다.

"키와 상관없이 무조건 40킬로그램대로 말라야 해요."

하지만 운동만으로 깡마른 체형이 되는 건 정말 어려운 일이지요. 그래서 한창 성장해야 할 시기임에도 먹고 싶은 간식을 참는 정도가 아니라 제대로 된 식사도 거르는 경우가 많아요.

하루에 몇 차례씩 회사에서 몸무게를 확인받고 하루 1,000칼로리 이하만 섭취하는 극단적인 다이어트를 하기도 하지요. 심지어 물조차 마음대로 마시지 못하고 무리한 연습을 하다 보니 건강이 상하거나 간혹 생리가 끊기기도 합니다.

심한 다이어트 끝에 음식과 체중, 다이어트에 마음이 매여 강박이나 폭식, 우울증상을 보이다가 폭식증 전문의원을 찾는 경우도 있지요.

자신의 건강도 챙기지 못하고, 학업뿐 아니라 학교생활을 비롯한 일상의 삶을 포기하고 수년을 연습해 겨우 데뷔했는데 아무도 알아보지 못하는 상태로 해체를 한다니…. 해체조차 이슈가 되지 못하는 마지막을 준비하는 그녀의 서러운 눈물을 보며 저는 너무나 안타까웠습니다.

마음이 상할 대로 상해 병원을 찾은 이들을 만나면 기본적인 건강을 지킬 권리와 10대로서의 일상을 그 꿈을 위해 철저히 희생해야 하는지 의문이 들곤 하지요.

아이돌 준비뿐일까요? 공부, 운동, 음악, 무용, 미술 분야도 경쟁이 정말 치열합니다. 타고난 재능에 피나는 노력이 더해져야 원하는 결과를 얻을 가능성이 겨우 생기는 듯해요.

사실 재능과 노력뿐 아니라 이 과정을 뒷받침해줄 경제적인 지원이 가능한지도 큰 영향을 미치지요. 취업 준비도 마찬가지예요.

그렇다면 노력과 실패는 아픈 청춘만의 전유물이고 어른이 되면 실패 없는 삶이 기다리고 있을까요? 슬프게도 현실은 그렇지 않아요. 몇 년간 신중하게 준비해 사업을 시작해도 내 실력이 아닌 다른 문제로 실패하는 경우를 주변에서 종종 봅니다. 성실하게 노력한 사람에게 달콤한 결과가 따르지 않는 삶의 슬픈 단면을 자주 만나고 경험하지요.

심지어 내 실력이 성공한 이의 것과 크게 다르지 않을 때 허탈함과 무기력을 넘어 억울한 마음까지 듭니다. 어차피 노력한 만큼 되지 않을 바엔 막살아 버리고 싶은 마음이 들기도 해요.

저는 한나 씨에게 물었습니다.

"자신에게 주어진 상황 속에서 할 수 있는 최선을 다해온 것 아닌가요?"

"맞아요."

"그런데 왜 부끄러워하나요? 저는 한나 씨가 지난 시간을 떠올리며 스스로를 자랑스러워하면 좋겠어요."

지난 시간 최선을 다했다고 답할 수 있는 사람이 결과 때문에 스스로를 부끄럽게 여기는 건 무척 안타까운 일입니다.

"음원 성적과 걸그룹의 인지도가 내 인생 성적표는 아니잖아요. 최선을 다했고, 그 결과는 한나 씨가 어쩔 수 없는 부분이고요."

"정말 그래요. 결과는 어쩔 수 없는 부분이 있더라고요."

"그런데 왜 스스로를 탓하며 자책하나요? 군대에 다녀온 예비역이 2년 늦게 출발하는 것처럼 보여도 어려운 군 생활의 시작과 과정과 끝을 모두 경험했다는 당당함으로 더 잘 지내잖아요. 저는 한나 씨도 그랬으면 좋겠어요. 스스로 '애썼다, 큰 경험을 잘 지나왔다'라고 인정해주지는 못할망정 자신을 낮추지는 않았으면 좋겠어요."

"하지만 지금은 예전만큼 열심히 노력조차 못 하는걸요."

"우울증과 폭식증도 스스로 선택한 게 아닌데 찾아온 거잖아요. 저는 한나 씨가 건강이 좋지 않은 상황에도 이만큼 일상생활을 유지한 걸 칭찬해주고 싶어요."

실패를 경험했을 때 내 삶을 인정하고 받아들이고 심지어 자랑스러워하기란 정말 어렵지요. 잘되고 있을 때 자기 삶을 받아들이고 최선을 다하는 것보다 눈에 보이는 결과가 없음에도 매일 일상에 전념하는 게 더욱 어려워요.

실패를 경험하고 낙담했나요? 실패한 내 시간이 억울하다 못해 스스로가 초라하고 못나게 느껴지나요? 지금 내 손에 쥔 결과가 내 인생의 성적표는 아닙니다. 만약 그렇다고 해도 주님이 보시는 시각은 또 다를 거예요.

그분은 우리의 타고난 것부터 주어진 환경까지 모두 통찰하고 계세요. 피조물인 우리가 주님이 주신 삶을 수용하고 매 순간 최선을 다했다면 부나 명예, 그 어떤 열매가 없이 주님을 대면한다고 해도 "애썼다"라고 칭찬해주시리라 생각해요.

'최강 멘탈'이라 불리는 김연아 선수의 인터뷰 내용 중 기억에 남는 질문과 답변을 추려봤어요. 그녀의 멘탈은 외적인 면보다도 더욱 아름답다고 생각합니다.

Q. 슬럼프를 극복하는 방법이 무엇인가요?

A. 이 상황을 받아들이고 빨리 마음을 추스르는 게 제가 할 수 있는 일이라고 여겨요. 힘들 때는 그냥 힘들어하면서 마음을 추스르지요.

Q. 다른 선수가 우승 후보로 거론되는데 어떻게 생각하나요?

A. 금메달이 누구냐, 은메달이 누구냐, 동메달이 누구냐 이런 이야기는 항상 있기에 신경 쓰지 않아요. 가장 중요한 건 내가 잘하는 거라고 생각해요.

Q. 다른 선수가 실수를 연발하고도 좋은 성적을 받았어요. 그 선수의 고득점 논란을 어떻게 생각하나요?

A. 저는 심판이 아닙니다. 그의 성적은 제가 판단할 문제가 아니죠.

정말로 내 인생의 심판자가 내가 아니라고 믿는다면 자신의 실패에 대해서도 지나치게 함부로 판단하지 말았으면 좋겠습니다. 국민들이 김연아 선수의 슬럼프에 진심 어린 응원을 보내듯 스스로를 진심으로 응원하며 주어진 하루에 전념해보세요.

더 많은 사람이 찬란한 결과 때문이 아니라 질척이는 매일의 삶을 잘 버텨내면서 스스로를 칭찬할 수 있게 되기를 바랍니다.

나만 초라해 보여요(열등감)

"선생님, 저 다시 폭식 터졌어요. 눈뜨자마자 먹기만 하고 일주일을 살았더니 3킬로그램이나 쪘어요. 돼지가 된 것 같아서 사람들이 있는 데 가기도 싫고 면접도 보기 싫어요. 병원 오는 것 외에는 일주일간 집 밖에 나가지도 않았어요. 너무 무기력해서 구직 사이트에도 안 들어갔고요. 저, 그냥 망한 것 같아요."

취업을 준비하고 있는 한주 씨가 일주일 만에 급격하게 체중이 늘어서 병원에 왔습니다. 인턴을 했던 회사 취업에 실패한 후 자존감이 떨어져 힘들어하던 차였지요. 가만히 있어도 우울하고 불안한데 대학교 졸업식에서 취업 소식을 주고받는 친구들을 만나자 자존감이 바닥까지 떨어진 상태였어요.

그녀는 취업을 위해 최선을 다했습니다. 제가 곁에서 지켜보기에 건강이 염려될 정도였지요. 인턴 두 명 중 한 명을 정식으로 채용하겠다는 회사에 들어가 열심히 일했어요. 완벽주의 성향에 폭식증과 동반된 우울, 불안이 있어 스트레스가 심한 상황을 견디기가 힘들었음에도 인턴 동기와 경쟁을 붙이는 방식의 업무가 주는 긴장감을 버티며 애썼습니다.

외모를 중요시하는 회사 분위기 때문에 다이어트까지 병행했지요. 그렇게 몇 달을 공들여 인턴 생활을 마쳤는데 취업에 실패하고 나니 팽팽했던 실이 끊어진 것처럼 늘어져 버렸습니다. 무기력해지고 식욕 조절도 안 되어 폭식하며 살이 찌기 시작했지요.

그래도 마음을 다잡으며 구직 사이트를 보고 취업 준비를 하다가 졸업식에 참석했는데, 거기서 만난 친구들은 다 잘된 것처럼 보였습니다. 자기만 실패한 것 같고, 부족한 인간인 것 같고, 살찐 것 같았지요. 대학 생활 4년이 다 망한 것처럼 느껴졌어요. 그래서 일주일 내내 집에서 아이스크림 통을 끼고 먹다가 진료를 받으러 온 거였어요.

하지만 한주 씨의 대학 생활은 충분히 의미 있는 소중한 시간이었습니다. 그녀는 대학 입학 전에 이미 끝이 없을 것 같은 어두운 터널을 경험했지요.

고교 시절, 유학 생활 적응의 어려움으로 시작된 심한 폭식증과 우울증으로 고도비만 상태였고 그로 인해 몇 년 동안이나 사람을 만나지 않고 은둔생활을 했습니다. 견디기 힘든 긴 시간 끝에 마음을 다잡고 공부를 시작했어요. 검정고시부터 준비하여 대학에 입학하고 명문대에 편입까지 했습니다.

그 후 힘든 시기도 있었지만 대학교 4년 과정을 잘 마쳤습니다. 졸업한 것만으로도 축하받을 자랑스러운 일이었지요. 취업이 늦어진다고 다 망해버린 4년이라고 할 수는 없었습니다.

게다가 그녀가 바닥이라고 하는 지금도 수년씩 은둔하던 때와는 명백한 차이가 있었어요. 스트레스로 폭식이 다시 오긴 했으나 그 양과 빈도도 줄었고 비만이 되지도 않았습니다. 병원에 일주일에 한 번 오기 위해서라도 외출을 했고요.

한주 씨도 상담을 하며 지금의 바닥이 너무나 고통스러울지라도 예전과는 다름을, 이 바닥조차 그간 성장해온 결과임을 이해했습니다. 있는 그대로의 나를 긍정하지 않고 대기업에 취업한 친구들과 비교하며 스스로를 괴롭힌 것 또한 인정했지요. 그녀가 지금은 어두운 터널을 지나고 있지만 또 한 번 이 시간을 잘 지나가 줄 거라고 기대합니다.

특히 연초에 취업과 입시에 실패하고 마음이 상한 환자들이 많이 내원해요. 심지어 수년째 취업이나 대입, 편입에 실패한 이들도 있어요. 환자들의 이야기를 들어보면 원하는 직장이나 학교에 대한 기준이 높은 경우가 많습니다.

수년째 명문대 진학에 실패했거나 공무원 시험에 떨어지고 깊은 절망에 빠진 이들이지요. 그들은 삶에 대해 자신만의 방향성을 찾기보다는 높은 목표와 완벽한 기준에 도달하지 못하는 스스로를 '쓸모없는 인간'으로 여기며 깊은 상심과 무기력에 빠지곤 해요.

실패를 경험한 환자가 깊은 우울에 빠지거나 무기력하게 지내게 되는 데는 여러 사회 문화적 요인도 무시할 수 없습니다. 이들 대부분은 초중고 시기 12년, 어쩌면 유치원에 다닐 때부터 부모가 짜준 빡빡한 학원 시간표대로 살아온 세대입니다. 심지어 방학에도 자기가 결정할 수 있는 게 극히 적었지요.

스스로 결정하고 도전하며 그 결과에 책임을 져볼 기회도, 성공했을 때의 성취감을 경험할 기회도 없었습니다. 성장 과정 중에 '부모'라는 안전한 울타리 안에서 건강한 실패와 좌절을 통해 성장해야 하는데 부모가 그 기회를 모두 막아버린 거지요.

'마음 다치는 일 없이 꽃길만 걷도록' 아이의 삶을 디자인해준 부모의 노력이 때로는 자녀를 무기력하게 만들어요. 어차피 행복과 고통, 성취와 좌절이 공존하는 게 삶인데 말이지요. 아이 스스로 자기 결정권을 가지고 주도적으로 살며 그에 따르는 책임도 질 수 있어야 하는데 그 결정도 책임도 부모가 대신합니다.

이것이 아이가 성인이 되었을 때 자신의 실패를 있는 그대로 받아들이고 다시 서서 발을 내딛기 어려운 이유 중 하나예요.

SNS 문화의 영향도 큽니다. 실제로 진료실에서 유명인인 폭식증 환자가 자신의 SNS를 보는 사람이 '행복해 보이는 당신이 부럽다'라고 할 때 느끼는 복잡한 감정을 말했어요.

"사람들에게는 괜찮은 모습을 보여야 할 것만 같아요. 그래서 SNS에는 늘 웃고 있는 사진을 올려요. 저는 매일 죽고 싶을 만큼 우울한데 SNS 속에서는 웃고만 있지요. 분명히 내 얼굴인데 이질감을 느껴요. 그런데 또 누군가는 SNS 속의 모습만 보고 제가 행복하다고 단정 짓고 심지어 부럽다고 연락을 해요. 이게 뭔지 모르겠어요."

일상을 공유하지 않는 사이(1년에 한 번도 따로 만나지 않는 SNS 팔로워나 인사만 하고 지내는 친구 등)에서는 절대 상대가 한 번의 성취를 위해 애쓴 매일의 과정을 알 수 없습니다.

SNS에는 결과만 공유되기 때문이지요.

실제로 다른 사람의 삶 전체와 스스로를 비교해도 살기가 팍팍한데 삶의 가장 빛나는 부분만을 편집해놓은 SNS 속 누군가의 모습과 내 일상의 진짜 삶(daily real life)을 비교하면 열등감에 빠져들 수밖에 없어요. 졸업식에서 몇 달 만에 만난 친구의 취업 소식도 이와 같은 맥락이지요.

그래서 미래를 준비하는 사람에게 꼭 들려주고 싶은 이야기가 있습니다.

: 삶은 원래 그렇습니다

삶이란 원래 도개걸윷모가 다양하게 존재하는 윷판과 같아요. 삶 자체가 '모모모모모'인 건 불가능합니다. 삶은 '모' 자체가 아니라 '윷판'이고 '윷놀이'이기 때문이지요. '모'가 아니면 망했다고 생각하고 멈춰버리는 건 매우 위험한 흑백논리입니다.

윷놀이에는 개도, 걸도 있음을 인정해야 해요. 개일 때나 걸일 때 한 발자국씩 가다 보면 가끔 모도 나옵니다. 도개걸윷이 나오는 순간에도, 심지어 백(back)도의 순간에도 당신의 삶은 그 자체로 의미가 있어요.

게다가 모가 아니면 멈추어 서는 사람보다 계속 윷을 던

져본 사람이 앞으로 더 나아갈 수 있고, 모가 잘 나오는 요령을 터득할 확률이 높지요.

: 비교를 멈추고 내 삶을 인정하세요

누군가는 날 때부터 조금 더 좋은 확률을 타고 납니다. '금수저'로 불리는 사람들이지요. 저는 차라리 '금그릇'이라고 표현하고 싶습니다. 타고난 조건이 인생을 '담는 그릇'이될 수는 있어도 '담긴 인생 자체'일 수는 없으니까요. 하지만그릇 속에 어떤 구슬이 담길지는 개인의 역할과 책임에 달려있어요.

그럼에도 금그릇에 금구슬이 많이 담길 확률이 높지요. 시작점이 다르니까요. 매우 불공평하게 느껴지지만 삶이 왜 불공평한지 하나님과 싸우는 데 너무 많은 에너지를 쓰지 마세요. 삶이 불공평한 것임을 있는 그대로 인정하고, 더욱이신앙이 있다면 하나님의 주권을 인정해야 합니다.

타인의 삶은 그들과 하나님 사이의 몫으로 남기고, 나는내 삶의 모습을 긍정하세요. 비교를 멈추고 내 그릇이 질그릇일지라도 잘 채워보세요. 보석 구슬만 담으면서 살 수 없음을 인정하고 다채로운 삶의 순간을, 심지어 실패의 어두운순간이라 할지라도 잘 경험하며 내 인생을 사는 것입니다.

그간 나 자신의 노력 또한 칭찬해주세요.

"그동안 주어진 상황에서 참 잘했어. 많이 애썼어."

스스로 토닥토닥 위로해보세요. 주님도 '내가 네게 허락한 삶 속에서 참 애썼구나'라고 해주실 것입니다.

: 준비만 하지 말고 바닥을 딛고 서세요

내 삶의 모습을 있는 그대로 받아들인다는 건, 지금 내가 디딘 곳이 아무리 낮을지라도 그 바닥을 밟는 걸 의미합니다. 밟을 곳이 아무리 마음에 들지 않아도 그 바닥을 밟아야 일어나 걸어갈 수 있지요.

내 바닥을 보는 건 정말 괴롭고 어렵습니다. 내가 원하는 곳이 저 높고 완벽한 모습일수록 그 고통은 더하지요. 내가 원하는 삶과 다른 현실에 발을 대려는 순간, 원하는 삶과의 큰 괴리가 고통스러워 차라리 현실이 아닌 어딘가에 숨어 지내는 게 낫겠다고 여겨져요.

그래서 누군가는 게임 캐릭터 속에 숨기도 하고, 누군가는 술이나 음식으로 도망가기도 해요. 하지만 바닥에 발을 디뎌보세요. 하루 종일 집에 있었다면 하루에 한 시간짜리 외출 일정을 만드세요. 학원 수강이나 운동도 좋아요. 매일의 일상을 만들어보는 것입니다.

조금 더 힘이 생기면 반일제 학원 수업을 들으며 입시계획을 짜보고, 반나절 아르바이트를 하며 취업 원서를 준비해보세요. 재능 마켓에 재능을 올려 아르바이트로 삼으면 그 자체로 경력이 될 수 있으니 더욱 좋아요.

또 5년째 명문대 편입을 준비하고 있는 사람이라면 다니던 대학으로 돌아가 한 학기를 지내보는 게 발을 딛는 과정일 수 있어요. 이것이 쉬운 일이라고 생각해서 제안하는 게 아닙니다. 고통스러운 과정이지요. 하지만 바닥을 디뎌야 걸을 수 있음을 기억하세요.

: 땅을 밟았다면 한 계단씩 올라가세요

땅을 디뎠다면 목표에 대해 유연하게 생각해보세요. 결과뿐 아니라 방향성도 고려해야 합니다. 예를 들어 '대기업 디자인팀 입사'만을 생각했다면 '실력 있는 디자이너'가 되는 걸 목표로 삼아보세요. 훨씬 유연한 목표 설정이 됩니다.

현재에 집중하고 최선을 다하세요. 마음에 꼭 맞지 않는 회사에 들어가더라도 주어진 프로젝트에 최선을 다해보세요. 실력을 인정받아 승진할 수도 있고 나중에 더 좋은 환경의 회사로 이직을 할 수도 있습니다. 그렇게 한 계단씩 '작은 목표'를 성취하세요.

목표에 너무 매이거나 금세 포기하지 않고 달걀을 쥐듯이 부드럽게 갖는 사람이 목표에 다다를 확률이 높습니다. 올바른 방향성을 가지고 하나씩 계단을 오르다 보면 아이러니하게도 자신이 내려놨다고 생각했던 목표까지 이루는 경우를 보게 됩니다.

Part 4

아버지,
제가

같이 울고 싶습니다

1장

사랑하는 사람이 아픈 당신에게

'정신과 질환을 가진 성도'를

'정신과 질환을 가진'에 초점을 맞추어 바라보면

지나친 병리화나 지나친 정상화의 오류에 빠집니다.

다만 정신과 질환을 가졌든 그렇지 않든 그들을 다만

'어려움을 경험하는 하나님의 자녀'로 대한다면

자연스레 우리도 예수님처럼 편견 없이

그를 대할 수 있지 않을까요.

하나님의 자녀가 심각한 어려움을 경험하고 있다면

그것이 주관적인 고통이든 객관적으로 위험한 상태이든

적절한 도움을 받을 수 있게 도와야 합니다.

마음이 아픈 사람을 돕고 싶다면

교회나 가족 내에서 정신적 어려움을 가진 사람을 돕고자 하는 분들이 있어요. 그들의 귀한 마음에 늘 감사합니다. 이번 장은 환자를 위해서가 아니라 그들을 돕고자 하는 분들을 위해 썼습니다.

먼저 질문하고 싶습니다. 정신과적 어려움이 있는 사람은 특별한 사람일까요? '우울증의 증상'에서 말했듯이 보건복지부 조사에 따르면 우리나라 인구의 4분의 1은 평생 동안 한 번쯤 정신질환을 경험합니다. 한 해만 놓고 보더라도 전체 인구의 10분의 1이 정신질환을 경험하지요.

물론 이 수치는 정신증과 신경증 모두를 아우르는 통계입니다. 평생 한 번이라도 조현병 증상인 환청, 환시, 피해망상을 경험하는 사람은 인구의 1.8퍼센트로 알려져 있어요. 우리나라가 정신질환의 증상을 쉬쉬하는 경향이 심하고, 다른 나라와 비교해 증상을 인식하는 비율이나 치료받는 비율이 현저히 떨어짐을 고려하면 유병률이 더 높으리라 생각합니다. 위험해지는 수준까지 치료를 받지 않고 사망에 이르는 비율이 그 어느 나라보다 높으니까요.

정신적 어려움을 가진 사람이 생각보다 많아요. 치료가 꼭 필요함에도 치료를 받지 못하는 안타까운 상황 역시 생각보다 많지요. 그럼에도 우리나라는 정신적 어려움을 겪는 이들에 대해 '소수의 문제 있는 특별한 사람'이라는 편견이 있습니다.

교회는 어떨까요? 교인인 우리는 과연 정신적 어려움을 가진 성도에게 편견을 가지고 있지 않나요? 진료실에서 다양한 종교의 환자를 만나지만 정신과 환자나 정신과 약에 대한 편견을 가장 많이 가지고 있는 종교가 기독교가 아닐까 생각합니다.

신앙과 의지로 해결하지 못한다며 환자 스스로 자책하는 모습이나 신앙이 있는 보호자가 환자를 질책하는 모습을 종종 만나기 때문이지요. 인류 역사상 가장 편견 없이 한 사람 한 사람을 대하셨던 분이 예수님이신데, 왜 기독교는 가장 시야가 좁은 종교가 되어버린 걸까요?

어디까지나 개인적인 의견이지만 신앙인으로서 정신적 어려움을 지나치게 큰 문제로 보는 시각도, 아무 문제가 아니라고 보는 시각도 문제라고 생각해요. '정신과 질환을 가진 성도'를 '정신과 질환을 가진'에 초점을 맞추어 바라보면 지나친 병리화나 지나친 정상화의 오류에 빠집니다.

다만 정신과 질환을 가졌든 그렇지 않든 그들을 다만 '어려움을 경험하는 하나님의 자녀'로 대한다면 자연스레 우리도 예수님처럼 편견 없이 그를 대할 수 있지 않을까요.

교회 목사님이 설교 중에 성도를 향해 '금쪽같은 내 새끼'라고 말씀하셔서 큰 은혜를 받은 기억이 납니다. 정신과 질환을 가진 성도에 대해서도 그저 금쪽같은 하나님의 자녀가 어려움을 겪고 있는 것으로 이해한다면 편견 없이 이들을 대하고 돕는 게 한결 편안해지지 않을까요.

하나님의 자녀가 심각한 어려움을 경험하고 있다면 그것이 주관적인 고통이든 객관적으로 위험한 상태이든 적절한 도움을 받을 수 있게 도와야 합니다. 신앙적인 도움뿐 아니라 상담치료, 약물치료가 그들의 삶을 조금 더 나아지게 할 수 있다면 도움을 주는 게 소중한 하나님의 성도를 대하는 태도라고 생각해요.

우리가 도움을 줄 때 생각해볼 몇 가지가 있습니다.

: 환자에게 우리는 조력자일 뿐입니다

질환에 대한 전문가든 목회자든 가족이든 우리는 그의 삶에 주인 되시는 하나님이 아니며, 그 자신도 아닙니다. 다만 조력자로서 함께할 뿐이지요. 지나친 개입은 때로 환자에게 해가 되며 지나친 방관 역시 도움이 되지 않아요. 힘을 보태는 마음으로 돕는 게 가장 지혜로운 태도지요.

: 그들의 삶 전체에서 질병의 경과를 고려하며 도와야 합니다

이 질병이 긴 싸움이라는 걸 이해하면 환자와 그의 가족에게 도움이 됩니다. 지금 그가 그의 삶과 질환에서 어디쯤 있는지, 그리고 그를 돕고자 하는 나는 어느 위치에 있는지를 이해하면서 돕는 게 좋아요.

그의 긴 삶과 긴 병 중에 내가 어디쯤 서있는지 보고(길게 종단으로도 보고), 그의 현재 상황의 어떤 맥락에서 내가 어디쯤 서있는지 보고(짧게 횡단으로도 보고), 그의 관점에서 보고, 주변의 관점에서도 살펴주어야 합니다.

예를 들어 자살 사고가 우려되는 급성기 우울증 환자에게

는 적극적인 개입이 필요하지만 만성 조현병 환자에게는 단기의 집중적인 도움보다는 환자 본인뿐 아니라 긴 병에 지쳐 있는 가족에게 작더라도 꾸준한 지지와 응원이 필요해요.

: 환자가 적절한 판단이 가능한 수준인지 고려해야 합니다

우리가 조력자라고 해서 당사자가 조현병 중에 있거나 강력한 자살 사고를 보이는 등 판단력이 흐려져 있는데도 그의 의견을 존중하는 태도만을 유지하는 건 좋지 않습니다. 그가 적절한 판단을 스스로 할 수 없는 수준의 증상을 보일 때는 조금 더 적극적으로 도움을 주는 게 좋아요.

: 도움을 줄 때도 지나치게 낙관적이거나 비관적인 입장을 갖지 말아야 합니다

예를 들어 환자가 꾸준한 관리가 필요한 질환을 가지고 있는데도 '올해는 약도 필요 없이 싹 낫게 될 것'이라고 응원하는 지인이나 가족이 있어요. 이는 환자에게 부담이며 그의 가족에게는 실망스런 한 해를 만드는 요인이 될 수 있지요.

또한 정신적 어려움이 있으니 삶 전체가 어두울 거라는 비관적인 시각으로 '불쌍한 사람' 취급하는 것도 도움이 되지 않아요. 환자들은 다만 정신 영역에서 두 렙돈을 가지고 있

을 뿐입니다. 그들의 삶을 우리는 판단할 수도 없고 판단해서도 안 됩니다. 다만 그의 어려움을 있는 그대로 인정하고 수용하며 현재 그의 경과에 필요한 도움을 주어야 해요.

: 환자의 질환은 인생을 잘못 산 결과물이나 벌이 아닙니다

적어도 대부분의 환자는 자기 인생에 주어진 상황에서 나름대로 애를 쓰며 살아온 사람들입니다. 최선을 다해 애쓴 결과가 지금의 모습입니다. 아마 그때는 옳았지만 지금은 틀린 작전을 쓰는 경우가 대부분일 거예요.

예를 들어볼게요. 시집살이가 당연하던 시절에 혼자 참고 또 참는 것 외에는 답이 없어 참고만 살았던 새댁이 할머니가 되었습니다. 계속해서 정서적인 표현을 참으면 화병으로 고통받을 뿐인데, 참는 것 외에 다른 방법을 몰랐던 할머니는 지금 화병 환자로 살고 있어요. 이처럼 환자들의 질환이 그들의 인생 성적표가 아님을 꼭 기억해야 합니다.

: 누구에게나 약한 부분과 강한 부분이 있어요

그들에게 정신적 어려움이라는 약한 부분이 있지만 이를 기반으로 하는 다른 강점이 있거나 약한 부분과는 별개로 다른 강한 부분이 많을 수 있어요. 그들의 삶의 목표는 정신질환을 고치는 게 아닙니다. 정신질환을 회복하든 갖고 살든 그들을 창조하신 하나님의 목적과 가치에 맞게 사는 게 그의 삶의 목표가 되도록 도와야 합니다.

: 내가 잘 도울 수 있는 것, 내가 도울 수는 있지만 최선은 아닌 것, 내가 도우려고 하는 것이 환자에게 오히려 악영향을 미치는 것을 구분해야 합니다

스스로의 의지나 가족, 목회자, 성도의 도움으로 충분히 나아질 수 있는 수준인지 아니면 전문가의 개입이 필요한지를 알면 큰 도움이 됩니다. 이는 각 개인의 삶의 기능(업무, 학업, 일상생활, 사회적 영역 등)에 문제가 생기는지 살펴보면 됩니다.

명백하게 그가 평상시만큼의 기능을 잘하지 못하고 있다면 빠르게 전문적인 도움을 받아야 할 시기로 이해하면 됩니다. 만약 약간의 기능저하가 있는 수준이라면 치료가 필요한 수준인지 아닌지 전문가와 한 차례 상의를 해보는 게 도움이 될 수 있어요.

응급으로 의료적인 개입이 꼭 필요한 상황을 알면 도움이 됩니다. 자해나 타해의 위험, 음독으로 응급실 진료가 시급한 상황, 식이장애 환자의 내외과적 응급상황, 소아나 청소

년의 등교 거부 등은 의료적인 개입이 필요하다는 신호일 수 있습니다.

우울증이 있는 사람을 돕고 싶다면

진료하다 보면 사랑하는 가족의 우울을 경험하는 사람들을 만나게 됩니다. 저는 필요한 경우 보호자의 도움을 적극적으로 요청하는 편입니다.

환자의 주변 사람, 특별히 의지할 수 있는 가족이나 친구는 환자의 우울 회복에 도움이 되는 사회 환경적인 지지체계 요인이 되어주기 때문이지요. 반대로 마음을 잘 헤아려주지 못하는 가족, 더 나아가 환자의 마음을 무시하는 가족이 있을 때는 제 마음도 답답하고 괴롭습니다.

대체로 우울증 환자들은 자신을 가치 없게 여깁니다. 우울이 심해지면 자신의 존재 자체가 사랑하는 사람에게 짐이 된다고 생각하기도 하지요.

인애는 늘 자기가 가족에게 짐인 것 같다고 했습니다. 자주 스스로를 '나약한 인간'이라며 자책했지요. 그런 인애의 엄마가 진료실에서 제게 했던 이야기 중에 기억에 남는 말이 있습니다.

"선생님, 저는 우리 인애가 정신이 강하다고 생각해요. 정신이 건강하지 않은데도 그 상태로 잘 버텨주고 있는 게 고마워요. 약한 정신을 가지고도 버텨주고 있으니 어떻게 보면 더 강한 거지요."

저는 '이 이상 가족이 환자를 이해해줄 수 있을까' 싶을 정도로 감사했어요. 환자가 아프다는 것과 나름대로 최선을 다하고 있다는 걸 인정하고 수용하며 환자의 우울을 비난하지 않고 기다리며 응원해주는 가족을 보면, 이런 보호자야말로 정말 빛도 없이 애쓰고 있다는 생각을 하게 됩니다.

아픈 가족을 돌보는 건 그 자체로 괴로운 일이지요. 다른 신체적 질환으로 아픈 환자의 가족은 주변에 간병으로 힘들다는 표현을 하고 위로받을 수 있어요. 하지만 심한 우울이나 조현병 등 정신적 어려움을 겪는 가족을 챙기는 보호자는 내 가족이 어디가 아프다고 표현하기가 어려워요. 또한 보호자의 고생스러움에 대해 환자 본인조차 고마워하지 않는 경우가 많아요.

예민해진 환자는 잔뜩 날이 서있어서 타인의 입장을 살피기 어렵기 때문이지요. 더구나 우울증의 특성상 세 가지 탓을 잘합니다. 자신 탓, 남 탓, 세상 탓을 해요. 자신과 타인, 세상에 대한 부정적 인지의 왜곡이 생기기 때문입니다.

이들은 수시로 자책하고, 남을 탓하기도 하며, 세상을 원망하고 부정적으로 생각해요. 신앙인의 경우에는 세상을 창조하신 분이 하나님이시니 결국 그 원망의 끝이 하나님께 가 닿습니다.

물론 우울증 환자의 모든 부정적인 면을 우울증 탓으로 돌리려는 것은 아닙니다. 어디까지가 우울증으로 생긴 인지의 왜곡 문제인지, 어디부터가 자의적인 원망인지는 하나님만 아실 일입니다.

어쨌든 이들은 자기 탓도 남 탓도 잘하는 편입니다. 자기가 얼마나 예민하게 날을 세우고 벽을 치고 있는지는 보지 못한 채 상처받은 기억이 반복해서 떠오르기 때문에 가족에게 한없는 원망을 쏟아내지요. 상처를 받았다고 말하면서도 자신이 다른 이에게 던지는 더 상처되는 말은 알아채지 못합니다.

환자가 부정적이고 원망만 가득할수록 보호자는 날로 지쳐갑니다. 처음에는 가족의 병을 알고 도와주지만 일방적인 희생만으로 오랜 시간 돕는 건 쉽지 않습니다. 아직 몇 달 치료하지 않은 환자의 가족에게서 "대체 언제 낫나요"라는 질문을 듣기도 합니다.

사실 환자의 가족이 우울을 병으로 이해하고 도와줄 생각을 하는 것만으로도 주치의는 든든합니다. 가끔은 반대로 가족 자체가 부정적인 환경으로 작용하기도 해요. 이해는 해주지 않더라도 그저 비난만 하지 않았으면 좋겠는데, 그나마 약한 마음을 가지고 어떻게든 살아보려고 하는 환자에게 '의지가 없다'고 비난하는 가족도 있어요.

"선생님, 저 오늘도 도서관에 간다고 하고 몰래 왔어요. 학교 사물함에 두고 약 먹어야 하니 약 봉투에 병원 이름 좀 빼주세요. 정신과 치료받은 걸 부모님에게 한 번 더 들키면 월세 주는 것도 끊을 것 같아서 걱정이에요."

설마 이런 부모가 있을까 싶겠지만 환자가 보는 앞에서 약을 하나씩 뜯어 변기에 넣고 물을 내리는 부모도 있었습니다. 자살 위험성이 매우 높았던 환자가 얼마간 치료를 꾸준히 받은 후에 자살 생각도 하지 않고 무기력증도 분명히 좋아졌는데, 약을 먹고 멍해지는 것 같다며 보호자가 강력하게 불편한 마음을 표현하기도 했고요.

실제로 약의 부작용이 있다 해도 약의 도움이 더 필요한 상황인데 말이지요. 게다가 주치의가 멍해지는 종류의 약을 쓰지도 않았고 우울증상의 여파일 수 있는데 무조건 약의 문제로 이해하는 건, 정신과 약에 대한 편견이 아닐까 싶습니다. 우울증상은 내 아이의 문제로 여겨지지만 약 탓을 하면 문제가 외부요인이 되니 그렇게 생각하고자 하는 보호자의 마음도 이해가 됩니다.

가족이 정신적으로 아프다는 것 자체를 강력하게 부정하고 싶은 마음도 알겠습니다. 치료를 받지 못 하게 하는 것도 아이가 아프지 않았으면 하는 마음에서 비롯된다는 걸 이해합니다. 하지만 우울증은 가족의 이해와 응원이 정말 필요한 병입니다.

그러면 우울증에 걸린 가족을 어떻게 도울 수 있을까요?

: 환자의 입장에서 그의 마음을 헤아려주세요

우울증 환자들이 가장 듣기 힘들어하는 말이 '우울은 의지 문제'라고 하는 거예요. 이 표현에는 노력하면 얼마든지 나을 수 있는데 자의로 우울에 머물러있다는 시각이 녹아있지요. 사실 우울은 전신이 무기력해지는 신체적 질환입니다. 심각한 우울의 경우에는 몇 달씩 집 밖에 나가지 못하기도 하지요.

죽고 싶은 생각이 가득한데 계획을 세울 힘이 없어 죽지 못하는 것뿐이라고 말하는 환자가 있을 정도입니다. 기력이 없고, 집중력이 떨어지며, 사소한 일 처리도 예전보다 어렵지요. 그런 환자의 입장을 이해해주세요.

저 역시 환자에게 바라는 건 매일의 규칙적인 활동과 삶의 회복이지만 우울이 심각한 환자에게 바로 권하지는 못해요. 할 수 있는 한 조금만 더 힘을 내보자고 하지요. 방안에만 있었다면 거실로 나와보게 하고, 밤에만 집 밖에 나갔다면 낮에도 나가보게 합니다. 환자의 상태를 이해하며 점진적으로 접근을 하지요.

빨리 좋아지기를 바라는 마음에 보호자가 보호자의 수준에서 계획을 세워 실천을 권유하는 건 환자에게 부담만 줍니다. 똑같은 활동을 권유하더라도 환자의 상황을 헤아려 그가 도움받을 수 있는 수준으로 부드럽게 하는 게 좋아요. 겉으로는 그렇게 보이지 않아도 환자 본인도 잘 지내고 싶어 한다는 사실을 기억해주세요.

또한 우울은 '생각이 변하는 병'입니다. 자신, 타인, 세상에 대한 부정적 인지 왜곡이 일어나지요. 그래서 좋게 생각하려고 노력해도 기본적인 생각이 부정적이어서 조금 덜 부정적인 수준에 머무르는 경우가 많아요. 함께 생각 실험을 한 가지 해볼게요.

- 검은색 풍선을 떠올려보세요.
- 자, 이제 검은색 풍선을 절대 생각하지 말고, 다음 문장까지 제 글에만 집중해보세요.
- 절대 다시 생각하지 마세요.
- 다른 좋은 생각도 많으니 좋은 생각을 해보세요.
- 정 생각이 멈춰지지 않으면 어두운 검은색 말고 밝은 색 풍선을 떠올려보세요.
- 생각할 가치도 없는 검은색 풍선은 생각하지 마세요.

어떤가요? 검은색 풍선을 생각하지 말라고 조언하니까 계속 검은색 풍선이 떠오르지 않나요? 살면서 검은색 풍선을 생각한 일도 없었을 텐데 한 번 떠오른 생각은 노력한다고 사라지지 않지요.

그런데 우울을 환자 입장에서 이해하지 못하는 보호자는 안타까운 마음에 자꾸 그 생각을 없애라고 합니다. 우울한 생각을 가장 지우고 싶은 사람은 환자 자신이에요. 원치 않는 괴로운 생각이 자꾸 떠올라 본인도 힘들다는 걸 공감해주어야 환자가 힘을 얻습니다. 도와주고자 하는 사람의 돕고자 하는 말로도 상처를 줄 수 있다는 걸 기억해주세요.

: 보호자 자신의 마음을 헤아리며 일방적인 희생이 아닌 환자
   와 소통의 선순환을 만들어주세요

보호자에게 환자의 마음을 알아주라고 하면 일방적으로 환자를 참아달라는 말로 오해하곤 합니다. 하지만 참기만 하면 힘든 환자를 오래 도와주기 어려워요. 환자의 마음을 알아주듯 자신의 마음도 잘 살피고 자신의 몸과 마음도 챙겨야 해요. 환자와 서로의 마음을 나누고 들어주는 게 훨씬 도움이 됩니다.

나는 나대로 애썼지만 환자는 나로 인해 상처받을 수 있다는 걸 헤아리고 그 상처를 보듬어주세요. 동시에 그를 위해 애쓰고도 상처받은 자신의 서운한 마음을 스스로 알아주고 기회가 닿는다면 환자에게도 부드럽게 표현하는 게 좋습니다.

엄마가 희생하여 딸을 공주같이 대하면 딸이 공주가 될 것 같지만, 그 딸도 나중에 일방적으로 희생하는 엄마가 될 수 있어요. 딸의 마음을 중요하게 챙기고 돌보듯 스스로의 마음도 소중히 여기고 부드럽게 잘 표현해야 해요.

그래야 딸도 엄마를 보고 자라며 자신의 마음이 소중함을 알고 잘 표현하게 됩니다. 마음이 건강한 어른으로 자라지요. 가족 안에 이런 마음의 선순환이 있어야 긴 고통의 시간

을 잘 이길 수 있습니다.

: 조급하게 뭔가를 해주기보다 어려운 시간을 함께 견뎌주세요

저는 환자들이 약하면서도 강한 사람이란 걸 자주 경험합니다. 빨리 나으면 더 바랄 게 없겠지만 낫지 않는 어려움 속에서 버텨주는 것만으로도 고마운 일입니다. '대체 언제 이 우울에서 벗어날 수 있을까' 하던 이들도 시간이라는 도움을 받으면 회복되는 걸 봅니다.

아주 오랜 시간에 걸쳐 아주 조금의 변화를 보인 환자들도 수년이 지나면서 조금씩 회복하는 모습을 볼 때 정말 감사합니다.

그러니 가족이라 해도 어떤 삶의 모습이 최선인지 함부로 판단하지 말고 그저 어려운 시간을 곁에서 함께 해주길 무엇보다 바랍니다. 우리는 판단하는 사람이 아니라 돕는 사람일 뿐이니까요.

사랑하는 사람을 자살로 떠나보낸 당신에게

매우 어려운 주제라 글을 써도 될지 여러 차례 망설였어

요. 저는 신학을 한 사람이 아니라 신학적 관점으로 쓰지는 않을 거예요. 다만 환자와 보호자를 만나는 임상가로서 쉬쉬하기에는 이미 교회 내에서도 큰 문제가 되어버린 자살에 대해 제 나름의 생각을 정리해보려고 합니다.

자살하면 무조건 지옥 갈까요? 답은 저도 잘 모릅니다. 하나님만 아시지요. 저는 진료실에서 종종 자살에 대한 생각이 심각함에도 견디는 환자를 봅니다. 자살하면 지옥에 가니 죽지 못한다는 말을 하기도 하지요. 개인적으로 자살하면 무조건 지옥에 간다고 생각하지는 않지만, 그 환자를 살리는 두려움 역시 그 순간을 버티는 자원이 아닐까 생각합니다.

하지만 교회 내에서 자살하면 지옥 간다는 생각이 언제나 누군가를 보호해주는 건 아닌 것 같아요. 한 사람이 자살로 세상을 떠났을 때 지나친 비난은 남은 가족과 공동체에 씻을 수 없는 상처로 남습니다.

영화 〈교회오빠〉를 보면 이관희 집사님의 어머니는 아들이 암 투병하던 중에 자살로 세상을 떠납니다. 돌아가신 어머니의 시신 앞에서조차 이 집사님은 '어떤 환란 중에도 주님을 떠나지 않겠습니다'라는 기도를 했다고 합니다.

하지만 그의 아내인 오은주 집사님은 한 인터뷰에서 믿는 사람들조차 어머니의 죽음을 두고 가족에게 상처 주는 말과 해석을 했다고 말합니다. 남은 가족은 가족을 잃은 고통과 자살에 이르기까지 그의 고통을 이해하지 못했다는 죄책감만으로도 고통스러운데 이에 더해 주위의 부정적인 시선과 말에 큰 어려움을 경험하지요.

우리나라의 연령별 사망원인 5위 내에 자살(고의적 자해)이 꼭 있습니다. 10대부터 30대까지 사망원인 1위이고, 40대부터 50대까지 사망원인 2위라고 해요. 주위에 누군가는 자살로 소중한 생명을 잃습니다. 그들에게 자살의 옳고 그름을 따지는 게 어떤 의미가 있을까요.

그들의 아버지 되시는 주님이 우리의 비난을 옳은 말이라 기뻐하실까요. 판단은 아버지께 맡기고 우리가 할 일은 자살을 생각하는 누군가를 돕고 자살로 가족을 떠나보낸 유가족의 마음을 위로하는 거예요.

자살로 사망한 사람의 90퍼센트 이상이 정신적 어려움을 갖고 있으며 70퍼센트는 우울증 환자임을 생각하면, 저는 자살을 생각하는 사람을 가장 많이 만나는 직업군에 있습니다. 한 환자가 제게 말했어요.

"제가 정확하게 자살을 생각하는 건 아닙니다. 능동적으로 주님이 주신 제 목숨을 끊지는 못하겠어요. 사실 죽음의 고통도 삶의 고통만큼 무섭기도 하고, 가족도 걱정돼요. 그래서 간신히 살고는 있지만 만약 제가 태어나고 죽은 걸 아무도 기억하지 못한 채로 큰 고통 없이 사라질 방법이 있다면 그렇게 하고 싶어요."

또 다른 환자는 누군가의 자살에 대해 한 기자가 "자살을 선택했다"라고 쓴 글을 보고 말했습니다. 그는 심각한 수준의 우울과 자살 사고에서 회복 중이었어요.

"저도 오랜 시간 자살을 생각했던 사람으로서 '자살을 선택했다'라는 표현이 불편하게 느껴져요. 죽는 게 두렵지 않은 사람은 없을 거예요. 고통을 피하기 위한 유일한 대안이라고 생각했을 뿐이지요.

비유하자면, 건물에 불이 난 거예요. 당사자로서는 타 죽든지 뛰어내려 죽든지 어차피 죽을 상황이지요. 더욱 고통스럽게 타 죽을까 봐 두렵지만 차라리 뛰어내려 죽는다고 할까요? 당시에는 저 역시 어쩌지 못하는 고통을 피할 방법이 죽음 외에 잘 보이지 않았어요.

자살한 사람을 두고 죽음을 선택했다거나 죽을 힘이 있으면 그 힘으로 살라는 말은 하지 않았으면 좋겠어요. 그도 힘이 남아서 죽음을 택한 건 아니었을 테니까요.

저 역시 우울증으로 모든 시야가 좁아져 있고 어둡게만 보이니 자살 외에는 다른 길이 없는 것처럼 보였지요. 하지만 지금은 대안을 생각할 힘이 조금 생겼어요."

당장 힘들어 아무것도 보지 못하는 사람에게 다른 길을 제시해봤자 그들에게는 전혀 와 닿지 않아요. "조금 더 버텨보자. 뭔가를 해보자"가 아니라 "잠시만 버티자"가 최선인 경우도 봅니다.

그들이 고통 중에 있음을 이해한다고 해서 자살을 합리화할 생각은 전혀 없어요. 저는 생명의 주권자는 하나님 한 분뿐이라고 생각하기 때문입니다. 다만 살아있는 순간이 죽음보다 고통스럽다는 영혼 옆에서 우리 역할은 짧은 순간이나마 고통에 함께 머무르며 그를 위해 탄식으로 기도하는 거라고 생각해요.

절대 고통당하는 자를 판단하고 정죄하지 않기를 바랍니다. 우리가 할 수 있는 것은 오직 위로와 사랑일 뿐, 판단의 영역은 하나님께 맡겼으면 좋겠어요.

저는 사랑하는 가족의 자살로 오랜 시간 자책하며 고통 중에 있는 사람들을 많이 만납니다.

'내가 그때 그렇게 했으면, 이 순간만이라도 이렇게 했으

면 그의 죽음을 막을 수 있지 않았을까?'

그들은 반복되는 생각으로 고통스러워합니다. 그날의 사고를 알고 있는 지금의 자신이 사고 전으로 돌아갈 수 있다면 어떻게든 사고를 막으려 애쓸 거예요. 하지만 그때의 자신은 알지 못했습니다.

때로는 가족이 죽고 싶다며 괴로움을 표현했는데도 외면했다고 자책하는 이들이 있어요. 듣고도 막지 못했다는 것 때문에 스스로를 원망하지요. 하지만 그때의 자신은 사랑하는 가족이 그만큼 힘들다는 걸 받아들이고 인정하기 힘들었을 수 있어요.

타인이 아닌 사랑하는 가족이기에 그 고통을 직면하기가 더 어려웠을 거예요. 그를 죽게 두고자 그의 이야기를 듣지 않은 게 아닙니다. 어렵지만 '과거의 자신'을 '지금의 내가' 용서하기를 부탁합니다.

만약 용서하기 어렵다면 그날의 나를 안타깝게 여겨주길 바랍니다. 그리고 자신에 대한 판단을 하나님께 온전히 맡기고 다만 오늘 하루를 최선을 다해 살아내기를 바랍니다.

조현병을 앓는 사람을 돕고 싶다면

조현병은 '정신분열병'으로 불리던 질환이에요. 하지만 너무나 많은 오해와 편견으로 2011년 대한조현병학회에서 병명을 바꾸었지요.

신경계나 마음이 조절되지 않아 그 기능에 문제가 생긴 질환이라는 해석을 표현한 용어지요. 하지만 2018년 한 종합병원의 정신과 의사가 진료 중에 조현병 환자가 휘두른 흉기에 사망하는 사고를 비롯해 조현병 환자의 강력범죄가 이어지면서 이 병에 대한 인식이 병명 개정 이전보다 더 나빠진 것 같아요.

제가 기독 정신과 전문의여서 목회자나 교회의 리더로부터 교회 내 조현병 환자를 어떻게 도와야 하는지 질문을 종종 받습니다. 이는 교회 공동체 내에도 환자들이 꽤 있다는 방증이지요.

조현병은 전 세계 인구의 1퍼센트가 앓는 흔한 질환입니다. 남자의 경우는 10-20대, 여자는 20-30대에 잘 발병하지요. 생각보다 흔한 질병인데 우리나라는 이 병에 대한 이해가 크게 떨어집니다.

조현병은 DUP(Duration of Untreated Psychosis, 처음 증

상이 발현한 후부터 최초로 치료를 받을 때까지의 기간)가 한 국가의 정신건강 정책의 중요한 부분으로 다뤄집니다. 이 기간이 짧을수록 치료 반응 및 예후가 좋다는 많은 연구 결과가 있지요.

우리나라의 경우는 DUP가 무려 84주나 소요됩니다. 2년 가까이 걸리는 실정이지요. 이 기간이 길수록 병이 만성화되기 쉽고 개인과 국가의 치료비용 부담도 증가해요. 한 개인의 삶의 문제로 놓고 보았을 때는 더욱 안타까운 일이지요.

조현병은 망상과 환청 등 현실검증 능력의 손상을 보이고 이로 인한 고통으로 일상생활에 큰 지장을 보이는 질환입니다. '현실검증 능력'이란 내가 생각하고 느끼는 것이 현실인지 아닌지를 구분하는 능력입니다. 이 능력이 떨어진 조현병 환자들은 현실을 왜곡하여 받아들이지요.

그래서 본인이 보고 들은 것을 현실로 이해합니다. 망상과 환각의 세계가 현실로 생생하게 경험되기 때문에 환자에게 생각을 바꾸어보라고 설득하는 건 의미가 없어요.

가장 흔한 망상은 피해망상으로 누군가가 자신을 해치려 한다고 믿습니다. 자신과 관계없는 사람들이 자신에 대해 알고 있다고 믿는 관계망상도 흔하며 자신을 위대한 존재로 믿는 과대망상도 나타나지요.

망상이나 환청 같은 눈에 띄는 증상을 '양성증상'이라고 한다면 조현병의 다른 증상으로 '음성증상'도 있어요. 음성증상이 나타나면 감정의 변화가 적어지고 말수나 행동이 줄어요. 정상적인 활동도 줄어서 전에 당연하게 하던 일상의 일조차 어려워하지요. 그래서 잘 알지 못하는 사람들은 단순히 게을러진 것으로 오해합니다.

흔히 사람들은 조현병 환자가 폭력적일 거라고 생각하지만 사실 위축된 경우가 대부분이에요. 다만 누군가 자신을 해치려 한다는 망상이나 환청이 강한 경우에는 환자 입장에서 방어나 반격으로 하는 행동이 다른 사람에게 위협적으로 보이기도 하지요.

그래서 저는 조현병을 '겁에 질려 두려워하고 있는 사람을 또 다른 사람들이 두려워하는 병'이라고 생각해요. 사실 치료를 잘 받는 환자는 공격적인 경우가 매우 드물거든요.

조현병의 원인

사랑하는 사람이 조현병에 걸리면 가장 먼저 궁금해하는 게 질병의 원인입니다. 결론부터 말하면 병은 그냥 걸리는 것이지 누구의 탓이 아닙니다.

조현병도 다른 질환과 마찬가지로 신체적, 정신적, 사회적 요인의 영향을 받습니다. 다만 신체적 영향이 다른 정신질환에 비해 큰 것으로 알려져 있어요. 조현병에 특별한 취약성(소인)을 가진 사람이 환경적 스트레스를 받으면 증상이 발현된다고 이해되고 있지요. 여기에서 환경적인 스트레스는 생물학적인 것(몸의 요인)이거나 심리 사회적인 것(마음과 환경의 요인)일 수 있어요.

몸의 요인을 조금 더 설명하면 환경적인 위험인자보다 생물 유전적 위험인자가 더 큰 것으로 보입니다. 유전에 의한 요인이 70-90퍼센트 정도입니다. 이 경우 특히 신경전달물질인 도파민의 불균형이 가장 큰 요인으로 알려져 있어요. 그래서 도파민의 균형을 도와주는 약물이 조현병 치료에 중요하지요.

마음과 환경의 요인도 중요합니다. 직접적인 원인으로 보고 있지는 않으나 극심한 스트레스도 발병이나 악화에 영향을 미치는 요인이에요. 반대로 환자를 지지해줄 가족이나 환경은 환자를 돕는 요인이 됩니다.

영성(영적) 요인, 즉 환자가 자신의 질병을 어떻게 받아들이며 어떤 가치관과 태도로 지내는지도 역시 병의 악화나 호전에 영향을 줍니다.

조현병의 회복

그러면 조현병은 어떻게 회복될까요? 조현병은 몸의 요인이 가장 중요한 병인 만큼 몸을 돌보는 것, 특히 약을 잘 챙기는 게 가장 중요해요. 심인성질환이 아니기에 약물치료의 중요성이 다른 어떤 질환보다 중요하죠.

하지만 약물치료는 부작용이 있습니다. 따라서 개개인에 맞추어 최대한의 효과를 나타내고 최소한의 부작용을 보이는 약물을 처방합니다. 약물 효과가 나타나기까지는 한 달 이상이 걸리기에 꾸준히 복용해야 합니다.

자신의 병을 인식하는 정도를 '병식'이라고 부르는데, 조현병 환자는 이를 갖기가 쉽지 않아요. 그래서 환자의 약 복용을 돕기 위해 주치의와 가족은 여러 고민을 하게 됩니다. 보호자가 약을 직접 챙겨주거나 매일 약이 잘 줄어들고 있는지 체크해주는 것도 도움이 돼요.

약 외에도 건강을 챙기는 생활습관이 도움이 됩니다. 충분히 자고, 담배를 줄이며, 운동을 하는 것이 좋아요. 특별히 조현병 환자는 활동량이 줄어들며 식습관이 좋지 않아 체중이 느는 경우가 많아요. 복용하는 약 중에 식욕에 영향을 미치는 약이 있을 수도 있고요. 담배에 의존하는 비율도 일반인보다 높습니다. 의욕이 없는 환자에게 공감하며 건강한 생활습관을 갖도록 따뜻하게 지지하는 게 도움이 될 수 있습니다.

마음과 환경을 돌보는 것도 중요합니다. 조현병 환자가 스스로 병을 잘 인식한다고 해도 뒤따라오는 우울감과 자존감 저하로 고통스러워하는 경우를 봅니다. 실제로 조현병 환자의 5-10퍼센트 정도가 자살로 생을 마감하는데 처음 증상이 나타나고 6년 이내에 사망하는 환자가 그중 3분의 2를 차지합니다. 병으로 인해 두렵고 좌절되는 마음이 얼마나 큰지 상상해볼 수 있는 부분이지요.

치료 과정을 함께하는 저 역시도 그 고통을 다 이해한다고 말할 수 없습니다. 다만 함께 어려운 시간을 견디며 최선을 다해 도울 뿐이지요. 하지만 어떤 병을 가진 환자라 해도 하나님의 자녀라는 정체성보다 병을 가진 환자로서의 정체성에 더 매이는 일은 없기를 간절히 바랍니다.

환경을 돌보는 것도 중요합니다. 오랜 기간 치료해야 하는 질환인 만큼 환자가 신뢰할 수 있는 주치의가 중요한 지지체계가 될 수 있어요. 환자 자신에게는 지지적인 상담치료가 도움이 되며 보호자가 조현병에 대한 보호자 교육을 받아 환자를 잘 이해하는 것도 큰 도움이 됩니다.

특히 조현병 치료에는 가족이나 교회와 같은 지지 공동체가 있는 것과 없는 것에 큰 차이가 있어요. 환자의 망상과 환청 등의 증상 자체에는 강한 긍정이나 부정을 하지 말고, 그저 그 증상으로 인해 느끼는 불편한 마음에 공감해주고 곁에 있어주는 것이 도움이 됩니다.

지역별 정신건강복지센터 등 국가 관리 시스템의 도움을 받는 것도 좋습니다. 꾸준히 치료해야 하는 만성질환이기에 희귀난치성질환 등록을 하면 일반 건강보험보다 더 많은 보장을 받을 수 있고 치료비 부담도 크게 줄일 수 있어요.

조현병 환자의 경과는 다양합니다. 병에서 완전히 회복되기도 합니다. 이는 아프기 전의 기능으로 완벽하게 돌아가거나 약이 필요 없어진다기보다는 불편한 증상이 사라지고 일상생활을 어렵지 않게 하는 걸 의미해요. 이런 기준으로 보면 20퍼센트 정도의 환자는 회복합니다.

크게 보면 장기적으로 좋은 경과를 보이는 환자가 3분의 1이고, 나머지 3분의 2는 중간의 경과나 좋지 않은 경과를 보인다고 알려져 있지요. 10퍼센트는 매우 좋지 않은 경과를 보이는데 이때 가장 큰 원인이 '재발'입니다. 따라서 꾸준히 약을 챙겨 재발 확률을 낮추는 게 가장 중요한 예방법이라 할 수 있어요.

제가 조현병 환자의 가족에게 꼭 부탁하는 말이 있습니다. 환자 곁에서 환자를 든든하게 지지해주려면 가족들의 건강도 잘 지켜야 한다는 거지요. 특히 자녀가 조현병이라는 걸 알게 된 부모님이 자신의 건강을 잘 돌보지 못하는 경우를 많이 봅니다.

부모가 잘못 키워 생긴 병이 아닌데 자책하며 괴로워하지요. 그 죄책감과 우울이 일상생활이나 환자를 돕는 데 방해가 된다면 전문가와 공동체에 도움을 구하세요.

2장

고통과 위로

우는 자들과 마음을 함께하는 것이

우리가 할 수 있는 좋은 위로입니다.

우리의 역할을 분명히 해야 합니다.

우리는 위로를 줄 수 있는 존재가 아닙니다.

가까운 목사님이 '위로'는 사람에게서 오는 게 아니라

'위로'부터 오는 것이라고 강조했지요.

우리 삶의 주권은 주님께 있으며

위로하실 분도 주님이십니다.

우는 자들과 마음을 같이하며

하나님께서 그들을 위로하시기를 기도하는 게

우리의 역할이지요.

낮은 마음으로 함께 아파하는 것으로 족합니다.

고통 중에 있는 당신에게

삶에서 고통은 필연입니다. 우리는 늘 고통을 마주하지요. 전 세계에 기아, 빈곤, 난민 문제가 끊이지 않고 가까운 사람들로부터도 고통스러운 삶의 문제를 듣습니다.

취업 실패, 원치 않은 해고, 질병이나 예기치 못한 사고, 범죄, 경제적인 위기, 관계의 상실, 이혼, 지인이나 가족의 사망으로 힘든 사람들의 이야기를 접합니다.

예기치 못한 사고는 상실과 절망, 말할 수 없는 슬픔뿐 아니라 이에 따르는 적응의 문제를 야기하지요. 서서히 악화되는 질병처럼 고통의 문제가 지속적인 경우도 있어요. 더욱 슬픈 건 누구도 이 문제들을 완벽히 피하는 게 불가능하다는 거지요. 피해 갈 수 없는 삶의 문제 앞에서 고통을 넘어 무력감을 느끼는 경험을 단 한 번도 하지 않을 확률은 희박합니다. 아예 없다고 해야겠지요.

더구나 이런 문제들은 개인이 얼마나 선한지에 따라 사람을 가려가며 발생하지 않고 하나님을 신뢰하는 믿음의 사람이라 해도 피할 수 없습니다. 그래서 선한 사람에게 끔찍한 고통이 허락될 때 하나님의 존재에 의문을 갖기도 하지요.

우리는 때로 순교한 분들이나 남을 돕다가 큰 사고를 당한 사람의 소식을 듣습니다. 그러면 하나님께 왜 그들이 고통을 당한 거냐며 묻고 또 묻지요. 또한 살인이나 성폭행처럼 명백한 가해자와 피해자가 있는 경우 가해자가 너무 가벼운 처벌을 받거나 처벌 없이 삶을 지속하는 모습을 보며 울분을 터뜨리기도 하지요. 하나님을 원망하며 삶에 회의를 느끼기도 해요.

나의 상실 이야기

저도 가까운 사람이 고통을 경험하는 걸 보았어요. 신실한 친구의 남편이 자던 중에 심장정지가 일어나 하루아침에 식물인간이 되었지요. 친구는 어린 두 아이를 키우고 남편을 간병하며 경제적인 문제까지 떠안아야 했어요. 친구의 남편은 좋은 가장이며 신앙인이었는데 마흔이 채 되기 전에 이런 일을 겪게 되었지요. 너무 가슴 아팠어요.

제가 둘째를 임신했을 때였어요. 일 년 동안에 세 명의 지인이 임신 중후반기에 사산(死産)을 했어요. 무척 드문 일인데 여러 지인이 같은 경험을 하니 당시 임신 중이던 제게도 두려움이 스쳤습니다. 하지만 아이를 잃을 수 있다는 상상을 잠시 하는 것만으로도 불편해서 '설마 내게 그런 일이 일어날 리 없어'라며 두려움을 묻어두었지요. 하지만 그건 누구에게나 일어날 수 있는 일이었어요.

임신 7개월이 된 어느 날, 평소와 같은 태동이 없어 산부인과를 찾으면서도 아이가 잘못되었다는 생각은 하지 못했어요. 안 했다고 하는 게 맞겠지요. 초음파 검사 모니터를 보던 선생님의 당혹스러운 표정을 보면서도 큰 문제가 아닐 거라고 믿고 싶었습니다. 몇 명의 의료진이 모여 상의를 하더니 제게 말했어요.

"아기가 잘못된 지 일주일도 더 지난 것 같습니다."

임신 후반이라 유도분만으로 아이를 낳아야 한다고 할 때도 저는 믿어지지 않았어요. 입원 수속을 위해 남편이 오기까지 기다리는 동안 가만히 서있는 것조차 힘들었지요.

평소 근무하던 병원이었기에 소리 내어 울 수도 없었어요.

저는 안절부절못하다 병원 성당으로 갔습니다. 한 수녀님이 혼자 기도하고 있었어요. 저는 울음을 참을 수가 없었고 기도할 어떤 말도 찾을 수가 없었습니다. 다만 "주여… 주여…" 신음하며 울었지요.

잠시 후 남편이 도착했어요. 둘 다 울음을 멈추지 못했지요. 정신없이 입원 수속을 하고 유도분만을 시작했습니다. 고통만 있을 뿐 기대감 없는 산통이었지요. 저는 산고 끝에 낳은 죽은 아이를 품에 안았습니다. 이전 검사 때 정밀 초음파로 봤던 예쁜 얼굴이 아니었지요.

무심한 엄마 배 속에서 생명을 잃은 지 일주일이 넘어 의료진이 보기를 말릴 정도로 상해있었어요. 저는 아이를 안고 미리 지어놓은 이름을 부르며 "엄마가 잘못했어. 엄마가 미안해"라는 말밖에 할 수 없었어요.

임신 당시 저는 의사로서 한창 일하고 공부할 시기였고 갑상선 문제로 건강도 좋지 않았어요. 그래서 임신을 알았을 때도 부담이 앞서 온전히 기뻐하지 못했지요. 임신 중에 전문의 시험을 치렀고 바로 대학병원의 임상강사 일을 시작했어요. 그렇게 제가 신경을 많이 못 썼음에도 고맙게 잘 자라주던 아이였지요.

산모가 무리한 것 외에는 이유를 못 찾겠다는 주치의의 말에 아이에게 미안하고 또 미안했습니다. 아이는 바로 영안실로 보내졌어요. 미역국이 포함된 산모식이 매끼 나왔지만 저는 젖 한번 못 물려본 아이에 대한 죄책감으로 밥을 먹을 수가 없었습니다. 준비해놓은 옷 한번 못 입혀봤는데 차가운 곳에 옷도 없이 누워있을 아이 생각에 밤마다 흐느꼈지요.

젖 먹일 아이 없이 찾아온 젖몸살은 더 고통스러웠어요. 이 상실에 적응하는 날이 올 거라는 생각이 들지 않았습니다. 퇴원하는 길에 아이를 화장했어요. 아이의 작은 유골함을 옆에 두고 밤을 보낸 후에 남편과 친정아버지의 손에 아이를 보냈습니다.

빛도 못 본 작은 아이는 가족묘가 있는 선산에 어떤 표시도 없이 잠들었지요. 아기 없이 조리원에 갈 수 없어서 집에서 몸조리를 했습니다. 돌봐야 할 첫째가 있어서 그나마 몸을 움직였지요. 아이를 어린이집에 보낸 후에는 멍하니 TV를 보거나 식물인간이 된 남편 곁을 지키는 친구가 추천한 책을 읽었어요.

《하나님 앞에서 울다》를 한 달 동안 조금씩 나누어 읽으며 큰 위로를 받았습니다. 조리를 마친 후에 다시 진료를 보기 시작했습니다. 상실을 경험한 공간이 직장임에도 다시 업무에 복귀해 정해진 업무를 하는 건 생각만큼 어렵지 않았어요. 하지만 만삭의 산모가 한 달여를 안 보이다가 나타나니 평소 얼굴만 보고 지내던 사람들이 출산을 잘했냐고 인사를 하더군요. 그럴 때면 무척 당황스러웠어요.

또한 진료를 하며 환자에게서 비슷한 상실 이야기를 들을 때도 제 감정을 조절하기가 쉽지 않았지요. 담담한 듯 진료를 마친 후나 퇴근길 지하철 안에서 갑자기 눈물을 쏟기도 했습니다.

혹시 우울증이 온 건 아닌지 문진표로 점검해보았지만 우울증 수치에는 미치지 않았어요. 정신과 의사로서 직접 경험해보니 그 이상의 수치가 되어야 우울증으로 평가한다는 게 놀라웠습니다. 환자가 느끼는 주관적인 고통의 강도가 어느 정도인지 체감해볼 수 있었지요.

제 경우는 힘들게나마 일상에 빠르게 복귀하여 상실 전의 삶을 유지한 게 도움이 되었습니다. 정말 힘든 경험이었지만요. 그러나 한두 달이 지나자 사람들의 말처럼 그리고 책에서 읽은 대로 아이를 잊지는 못했지만 아이를 잃은 삶에 적응해갔습니다.

하지만 아이를 잃은 3월이 다가오거나 지어놓았던 아이 이름이 어디선가 들리거나 예쁜 여자아이의 옷을 보거나 지인이나 환자의 유산 소식을 들을 때면 상실의 기억과 아픔이 생생히 다시 떠오르곤 했어요.

누군가의 고통보다 더하거나 덜한 이야기가 아닙니다. 있는 그대로의 이야기지요. 똑같이 교통사고를 당하거나 이혼을 했다고 각자의 이야기가 같지 않습니다. 그 고통이 저마다 다르기 때문이지요. 각자에게 다른 의미가 있고 개인에 따라 고통의 정도와 그에 대응할 힘, 환경, 태도도 다릅니다. 각자의 삶의 고통은 세계의 인구만큼 다를 것이기에 이 문제를 정량화하거나 비교하는 건 의미가 없지요.

분명한 건 고통을 완전히 피해 갈 확률은 0퍼센트에 가깝다는 거예요. 살다 보면 오랜 시간 함께한 사랑하는 사람을 떠나보내는 일도 있을 것입니다. 아주 먼 후일의 일이라고 믿고 싶은 어느 날엔가는 부모님도 떠나겠지요. 물론 내가 먼저 떠나는 일도 있을 수 있습니다. 어느 쪽도 상상하고 싶지 않지만 둘 중 하나는 반드시 일어납니다.

이런 고통의 문제 앞에서 인간이란 매우 무력해 보입니다. 그저 수동적으로 '고통을 당하는' 존재인 것만 같아요. 아무리 성실하게 애쓰며 살아도 고통이 찾아오는 것 자체를 어찌할 수가 없습니다. 물론 우리는 감당할 만한 어려움만 허락해달라고 기도하지만 어떤 어려움이 언제 찾아올지는 아무도 모릅니다.

고통 이후에 따르는 성장이 아무리 선하다고 해도 상실 자체까지 통째로 선한 것으로 갈음될 수는 없습니다. 다행히 저는 상실의 경험 이후에도 하나님이 나와 함께하시며 나를 사랑하신다는 변치 않는 사실에 의구심이 들지는 않았어요. 그간 제 삶에서 하나님은 부인할 수 없을 정도로 분명하게 함께해주셨기에 그분의 존재를 묻는 물음부터 다시 시작하지 않아도 되었습니다.

그 믿음 또한 제가 선택한 거라기보다는 그저 은혜로 주어진 것이지요. 하지만 누군가는 '악한 일 중에 과연 하나님이 존재하는가'의 문제로 오랜 시간 싸울 수도 있고, 그 싸움이 고통 자체보다 삶을 더 힘들게 할 수도 있습니다.

고통 중에 할 수 있는 일

그렇다면 고통 속에서 우리의 몫은 무엇일까요? 제게 상실의 고통 자체는 말할 수 없이 악했으나 그 상실의 끝에 깨달음이 있었습니다. 생명의 주관자 그리고 내 삶의 주관자가 하나님이라는 사실이었지요. 인간으로서 철저히 무력한 상황 속에서 제가 어찌할 수 없는 부분이 있음을 온전히 받아들이게 되었어요. 이를 받아들이는 게 제 몫이었지요.

'하나님의 주권을 온전히 받아들이는 것'이 인간이 할 수 있는 가장 능동적인 선택이라고 생각해요.

이 과정을 거쳐야 내 힘으로 어쩔 수 없는 걸 가지고 싸우지 않고 내가 할 수 있는 부분에 전념하며 살 수 있거든요. 체념하고 멈추는 것과 기꺼이 수용과 전념을 하는 것, 즉 삶의 고통을 수용하는 것과 동시에 인간의 몫을 다하는 건, 그 시작은 한 끗 차이일지 모르나 방향성이 매우 달라서 삶이 지속될수록 큰 차이를 가져옵니다.

저는 자타공인 정말 애쓰면서 사는 사람이었어요. 지금도 여전히 애쓴다는 말을 많이 들어요. 하나님만을 의지한다고 했으나 사실 제가 애쓰고 열심히 살며 하나님이 도와주시기를 바랐다고 하는 게 더 맞을 거예요.

둘째를 임신해서도 그랬습니다. 직장에서 힘든 내색 없이 최대한 열심히 일하는 게 미덕이라 여겼지요. 또 늦은 퇴근을 해서는 종일 엄마를 기다린 첫째에게 미안한 마음에 짧은 시간이라도 최대한 신나게 놀아주려고 했습니다. 그렇게 점점 지쳐가고 있었는데 인정하지 않았던 것 같아요.

학창 시절부터 능력이 안 되면 노력으로 따라갔습니다. 밥 먹으러 나올 시간도 아까워 도서관에 두 끼 먹을 김밥이나 빵을 사 가곤 했지요. 그렇게 애쓰면 결과가 따라왔습니다. 의사가 되고 원하던 정신과를 전공했지요. 하지만 아무리 애써도 되지 않는 순간이 왔습니다. 아이를 잃은 것이지요.

열심히 살아도 내 노력으로 되지 않는 부분이 있음을 철저히 받아들일 된 삶의 고통 앞에서야 내 인생의 주인이 내가 아님을, 하나님이 내 인생의 조력자가 아닌 주인이심을 온전히 받아들일 수 있었지요.

이것은 제가 잃은 아이에게 신경을 못 쓴 부분까지 하나님 탓으로 돌렸다는 게 아닙니다. 하나님 안에서 제 몫을 오롯이 인정하며 애통해했지요. 그 시간이 지나고 나니 받아들이고 싶지 않았던 제 삶의 다른 문제들까지도 있는 그대로 수용할 수 있었고, 상실 전보다 오히려 조금 더 편안해졌어요.

머리로 이해한 게 아니고 경험으로 깨달았습니다. 지금도 너무나 생생하고 아픈 기억이지만 그 고통이 제게 안겨준 성장도 분명히 있었어요. 여전히 저는 편안하게 자족하며 지내는 것보다 가능한 한 치열하게 열심히 사는 것에 익숙합니다. 이는 환자를 진료하는 의사로서 장점이기도 하기에 그런 제 모습을 다 버리려고 하지는 않습니다.

다만 값없이 주어지는 축복과 은혜를 누리듯 이해되지 않는 고통도 경험할 수 있음을 인정하고 인간으로서 제 몫에 최선을 다하려고 할 뿐입니다.

제 지도 교수님은 지혜와 영성을 가진 훌륭한 사람으로 산악인 엄홍길 대장의 예를 자주 말씀하셨어요. 신앙이 없지만 그의 삶이 높은 영성을 보여준다고 했지요. 엄 대장은 산을 오르며 인간의 힘으로 어쩌지 못하는 대자연의 힘과 그로 인한 예기치 못한 큰 사고를 여러 차례 경험했습니다.

하지만 그는 어려움을 겪으며 산악인의 삶을 포기한 게 아니라 초월적인 힘을 인정하며 계속 산에 올랐어요. 뿐만 아니라 산에 오르지 않는 순간에도 오지에 학교를 세우는 등 의미 있는 일에 전념했지요.

'이제까지 사고가 있었지만 앞으로는 절대 문제가 없을 것'이라며 산에 오른다면, 겉으로 똑같아 보일지 몰라도 실상은 현실을 받아들이지 못하고 행동으로 회피하는 삶일 것입니다. 열심히 산다고 다 삶을 수용하고 전념하는 태도는 아니라는 거지요.

예를 들어 가정에 문제가 생겼을 때 있는 그대로 받아들이고 회복을 위한 노력을 하는 게 아니라 일에 몰입해 일중독이 되는 사람이 있어요. 이 경우에 일에 열심을 다하는 게 오히려 문제를 직면하지 않고 회피하는 방법이 됩니다. 성공한 삶으로 보일지 몰라도 내적인 혼돈과 공허는 점점 더 커질 거예요. 우리는 삶의 문제를 온전히 수용하고 하나님의 함께하심을 경험하며 피조물로서의 역할을 다해야 합니다. 어렵지만 인간은 고통의 문제를 피해 갈 수 없기에 기꺼이 선택해야 할 삶이기도 하지요.

교통사고로 어머니와 아내와 딸을 잃고 《하나님 앞에서 울다》를 쓴 제럴드 싯처는 상실의 고통 속에서도 하나님의 존재 자체가 우리에게 소망임을 말합니다.

나는 어둠 속으로 들어가 슬픔을 마주하기로 선택한 반면, 그러면서도 계속 일을 하고 특별히 내 아이들을 포함한 여러 사람들을 돌아보기로 선택했다. 난 일상의 삶이 내게 요구하는 책임들을 무시하지 않으면서도 상실로부터 될 수 있는 한 많은 것을 얻고자 했다. 고통을 내 삶 속에 체화시킴으로써 그 고통이라는 주사를 덜 아프게 맞고 싶었다. 지혜를 배우고 싶었고, 성품상으로도 보다 성숙해지고 싶었다.

상실을 통한 충분한 파괴를 경험하면서도, 나는 내가 경험한 상실의 해악성을 확대시키지 않는 방향에서 적절하게 비극에 반응하고 싶었다. 나는 어둠으로부터 달아나려고 하면 더 깊은 어둠 속으로 들어가고 만다는 것을 알았다.

나는 또한 나의 영혼이 성장 잠재력을 충분히 가지고 있다는 것을 알았다. 악한 것과 선한 것을 온전히 흡수할 줄도 알고, 죽을 줄도 다시 살 줄도 알며, 포기라는 고통을 겪으면서도 하나님을 찾을 줄 아는 그런 잠재력 말이다. 어둠에 맞서기로 선택함으로써 나는 일출을 향한 첫발을 내디딘 셈이었다.

_위 책, 56,57쪽

그는 "어둠에 맞선다"라는 표현을 썼지만 저는 그가 어둠에서 도망가지 않고 받아들였다고 이해했어요. 저는 제가 만나는 개인의 고통을 이해한다고 함부로 말하지 않습니다. 다만 어렵고 이해되지 않는 순간에도 하나님의 존재가 그에게 위로가 되어주기를, 삶을 포기하기보다는 주어진 삶을 받아들이고 전념하는 선택을 하기를 기도합니다.

누군가에게 위로가 되고 싶은 당신에게

요즘은 자신의 마음 돌보기에 대한 책이나 강연을 비교적 쉽게 접할 수 있습니다. 하지만 신앙인으로서 타인의 고통을 어떻게 위로할지에 대한 이야기는 접하기가 쉽지 않습니다.

제 경험을 말해볼게요. 배 속 아이가 잘못되었다는 말을 듣고 어찌할 바를 몰랐습니다. 병원에 교회가 따로 없어 기도를 위해 가끔 들르던 병원 성당에 들어갔지요.

저는 "주여, 주여" 신음하며 울었습니다. 그런데 그곳에서 기도 중이던 수녀님이 무슨 문제가 있냐며 제게 말을 걸어왔지요. 아이를 잃었다고 대답을 했음에도 "이곳은 성당이니 진정하세요"라며 우는 저를 성당 밖으로 안내했어요.

그때는 미사 시간도 아니었고, 제가 큰 소리를 내거나 소리를 높여 하나님을 원망한 것도 아니에요. 다만 주님을 부르며 울기만 했을 뿐인데 저는 내쫓기는 것처럼 느껴졌어요. 그 기억이 상처로 남았습니다.

이는 천주교의 문제로 확대 해석해서도 안 되고 그 수녀님이 종교인으로서의 자질에 문제가 있다고 섣불리 이야기할 것도 아닙니다. 다만 그 순간에 그 수녀님이 마음을 다친 자를 대하는 지혜가 부족했던 것 같아요. 다행히 곧 도착한 남편이 본인도 같은 고통을 경험하는 상황임에도 마음을 다해 저를 위로해주었습니다.

절망 중에 곁에 있는 것만으로도 서로에게 힘이 되었던 경험은, 힘든 기억이지만 우리 부부가 어려울 때조차 진심으로 서로를 신뢰하게 해주는 힘이 되었지요.

지나고 보니 큰 고통 중에도 감사할 일들이 있었어요. 아이러니하게도 당시 저는 '애도'를 주제로 논문을 쓰고 있었습니다. 사별, 사산 이후 남은 자들이 덜 고통스러울 수 있도록 돕는 방법에 대해 접할 일이 많았지요. 한 치 앞을 모르는 게 사람이라고, 그 내용을 스스로에게 적용하게 될 줄은 전혀 몰랐지만 이후에 제 마음을 추스르는 데 큰 도움이 되었습니다.

또한 저보다 조금 앞서 사산을 경험한 친구의 말도 도움이 되었어요. 그 친구는 아기를 한 번도 보지 못하고 보낸 것이 가장 마음이 아프다고 했지요. 그래서 저는 산부인과 선생님이 말렸음에도 부탁하여 아이를 안아보고 보냈습니다.

급작스러운 일이라 산후조리사를 구하기도 힘들었는데 조리사 일을 쉰 지 오래된 친구의 어머니가 선뜻 도와주겠다며 와주어서 건강을 챙길 수 있었던 것도 감사했습니다.

무엇보다 감사한 것은 마음을 같이해준 가족들, 친구들, 지인들의 위로였지요. 병원에 입원해있을 때부터 지인들이 찾아오거나 전화나 문자를 주었습니다.

특히 기억에 남는 위로가 있습니다. 한 정신과의국 선배가 소식을 듣자마자 입원실로 찾아왔어요. 직장의 선후배 관계이기에 아무리 가까워도 직접 방문하는 게 어려울 수 있는데 그 마음을 솔직하게 표현해주었어요.

"한 선생님, 내가 찾아오는 게 맞는지 몰라서 고민했지만 소식을 듣고 가만히 있을 수가 없었어요. 내가 아버지를 잃었을 때가 생각나기도 하고, 선생님이 힘들 것을 생각하니 일단 와서 봐야겠더라고요.

소중한 사람을 보내본 경험이라고 해도 내가 아버지를 보낸 일과 선생님이 아기를 보낸 일은 다른 일이고, 한 선생님의 지금 마음이 어떤지 내가 다 안다고 할 수는 없겠지요. 다만 아버지가 돌아가셨을 때 힘든 시간이 끝나기나 할지 상상조차 되지 않았는데 지금 선생님의 마음도 비슷하지 않을까 하는 생각이 들어서요.

진부한 말일 수 있는데, 남들의 말처럼 그 시간이 정말 지나가긴 하더라고요. 아버지가 잊혀진다는 건 아니고 너무 괴로운 그 시간이 지나가긴 하더군요. 선생님과 내가 종교가 달라서 이렇게 표현하는 게 맞는지 모르지만 아버지는 다른 모습으로 어딘가에서 함께 있는 게 되더라고요. 아기 또한 그럴 거라고 나는 생각해요."

떨리는 목소리로 말을 이어가던 선배의 모습이 지금도 생생합니다. 어린 나이에 아버지를 보낸 큰 경험을 했음에도 제 경험과 비교하거나 일방적으로 조언하지 않았어요. 다만 고통의 시간에 함께 있고자 했던 그의 진심이 느껴져 큰 위로를 받았습니다.

평소 가까이 지내던 교수님으로부터 받은 문자도 큰 위로가 되었어요.

지난주 가슴 아픈 소식을 들었습니다. 누구도 위로할 수 없는 아픔을 더 건드리는 말이 될까 봐 말없이 지나려 했지만, 그래도 한 선생 주위에 아픔을 같이하는 사람이 있다는 이야기는 전하려 합니다.

엄마 아빠의 얼굴도 보지 못하고 먼저 떠난 어린 영혼을 위해 기도하고 있습니다. 부모 노릇 한번 제대로 못 하고 어린 생명을 떠나보낸 말할 수 없는 슬픔을 겪고 있는 엄마 아빠의 깊은 마음의 상처가 하나님의 사랑으로 감싸 안아질 수 있기를 기도합니다. 시간이 지나고 다시 볼 때 슬픔과 아픔을 같이 나눌 수 있기를 바랍니다.

제자에게 보내는 문자임에도 몇 번을 고민하며 연락하셨을 교수님의 모습과 마음이 전해졌습니다. 남편에게도 문자를 공유하며 함께 깊은 위로를 받았지요.

고통을 피할 수 없는 삶이라면 어떻게 고통당하는 자들

곁에서 위로해야 할까요? 위로하고자 하는 우리의 선한 동기를 하나님께서 아시겠으나 우리는 가끔 고통받는 자들의 마음을 더 상하게 하는 말을 하기도 합니다. 우리 부부도 그랬습니다.

아이가 아파서 더 긴 고통을 막기 위해 미리 데려가셨을 거라는 말, 신앙인으로서 빨리 마음을 다잡고 정신을 차리라는 말, 정신과 의사로서 성숙을 주시기 위한 하나님의 연단이라는 말, 그나마 첫째가 있으니 첫아이 잃은 사람보다는 낫다는 말, 더 좋은 아이를 주실 거라는 말….

시간이 지나 돌아봤을 때 맞는 말도 많습니다. 지금 이 순간에도 제 경험을 나눈 게 누군가에게 도움이 될 수 있지 않을까요? 하지만 위로는 맞는 말을 들을 때 경험하는 게 아니라 고통 중에 함께해주고자 하는 마음을 느낄 때 경험합니다.

물론 더러 속상한 말을 했더라도 우리 부부를 아끼는 마음으로 어렵게 찾아오고 따로 연락을 준 사람들의 마음 자체는 너무나 감사했습니다. 다만 갓 상실을 경험한 사람으로서 위로를 받기에는 어려운 말들이었던 것 같아요.

힘이 되는 위로

그러면 어떤 위로가 힘이 될 수 있을까요? 말씀이 우리에게 답을 줍니다. 로마서 12장 15,16절의 내용입니다.

기뻐하는 사람들과 함께 기뻐하고,
우는 사람들과 함께 우십시오.
서로 한 마음이 되고, 교만한 마음을 품지 말고,
비천한 사람들과 함께 사귀고,
스스로 지혜가 있는 체하지 마십시오.

롬 12:15,16

우는 자들과 마음을 함께하는 것이 우리가 할 수 있는 좋은 위로입니다. 우리의 역할을 분명히 해야 합니다. 우리는 위로를 줄 수 있는 존재가 아닙니다. 가까운 목사님이 '위로'는 사람에게서 오는 게 아니라 '위로'부터 오는 것이라고 강조했지요.

우리 삶의 주권은 주님께 있으며 위로하실 분도 주님이십니다. 우는 자들과 마음을 같이하며 하나님께서 그들을 위로하시기를 기도하는 게 우리의 역할이지요. 낮은 마음으로 함께 아파하는 것으로 족합니다.

우리는 위로의 편지를 쓰는 사람이 아니고 위로의 편지를 전달하는 자입니다. 전달 과정에서 원본의 내용을 왜곡하지 않고 잘 전달하는 것만으로 충분해요. '위로를 내가 해준다'라고 생각하는 순간 마음을 높은 데 두게 됩니다. 그러면 위로가 아니고 훈계가 되기 쉽지요.

자꾸 가르치려 하고 하나님이 일하시는 것보다 앞서게 됩니다. 스스로 지혜 있다고 여기며 말해서 오히려 상처를 주는 경우가 많아요. 우리는 결코 타인이 겪는 고통을 100퍼센트 다 알 수 없어요. 일부 공감할 뿐이며 그의 고통을 완전히 체휼하시는 이는 우리가 아니라 주님이십니다.

같은 종류의 고통이라도 전 세계 인구만큼 그 고통의 색깔과 의미가 다릅니다. 당사자는 고통 중에 도무지 하나님의 뜻이 어디에 있는지 찾을 수 없어 괴로워하는데, 높은 데서 내려다보는 태도로 "하나님의 뜻이 이걸 거야"라고 말하는 건 위로가 아니라 상처가 됩니다.

우리는 당사자가 하나님의 은혜와 위로를 입어 고통 중에 하나님의 뜻과 고통의 의미를 발견해가고 그것을 이야기할 때, 진심으로 마음을 같이하며 그 생각을 수용하면 됩니다.

그리고 고통을 경험하는 이는 평소보다 불안정하다는 것

을 이해해주면 좋겠어요. 평소답지 않게 감정 조절을 못 하고 화를 내는 등 혼란한 모습을 보일 수 있어요. 그가 그런 자신을 받아들이지 못할 때, "누구나 힘든 시기에는 몸과 마음이 평소와 같지 않을 수 있다"라고 토닥여주세요.

간혹 위로보다 지나친 책임감과 죄책감을 주어 당사자를 고통에 몰아넣는 경우도 있어요. 가족을 잃은 사람에게 "이제 네가 이 집안의 가장(기둥, 희망 등 다른 표현도 많습니다)이니 정신을 바짝 차려라"라는 말을 하기도 해요. 이는 생각보다 흔히 들을 수 있는 말이지만 듣는 당사자는 마음이 무거워집니다.

또 고통 중에 있는 사람에게 "전에 이러저러하게 했으면 (혹은 이러저러하게 하지 않았으면) 이런 일이 없었을 거야"라고 하는 게 꼭 필요한 말인지 한 번 더 생각해야 합니다. 어차피 벌어진 일에 죄책감만 더할 뿐 도움이 되지 않을 수 있어요.

정신과 진료실에 있다 보면 마음이 힘든 사람들이 교회 안에서 들었던 상처 되는 이야기를 자주 접합니다. 큰 어려움을 겪고 절망 중에 있는 성도에게 "필히 숨은 죄가 있을 테니 죄를 찾아 회개해"라며 정죄하고 마음을 상하게 하는 일들이 생각보다 많습니다.

물론 다른 좋은 위로의 말도 함께 전했겠으나 마음이 약해질 대로 약해진 당사자는 지나가는 말 한마디가 마음에 걸려 상처받기 쉽습니다. 물론 정말 죄의 결과로 생긴 고통도 있겠지요. 하지만 그 판단은 판단하시는 분께 맡기세요.

앞서 판단하여 상처 주는 일은 멈추었으면 좋겠습니다. 만약 고통 중에 있는 자가 신앙의 선배, 또는 지도자라 여기는 사람에게 먼저 조언을 구한다면 주님이 주시는 마음에 따라 상황에 맞는 권면은 해줄 수 있을 것입니다.

하지만 이 경우에도 정죄하는 말을 삼가고 "하나님은 어떤 상황에도 심지어 이 고통 중에도 당신과 함께하시며 당신을 사랑하신다"라는 변함없는 진리를 말해주는 게 더 도움이 될 수 있습니다.

또한 당사자가 먼저 말하기 전까지는 자세하게 상황을 묻지 않는 게 나은 경우도 있습니다. 그저 들어주고 공감하는 게 도움이 될 때가 많지요.

조심스러우니 연락하지 않는 게 낫지 않을까 싶을 수도 있습니다. 하지만 진심은 표현하지 않으면 전해지지 않아요. 조심스러워 고민했지만 고통 중에 함께하고 싶었다고 솔직하게 표현하는 것보다 좋은 방법이 없습니다. 표현하고 함께 있어주세요. 당사자는 어려운 시기에 당신을 통해 하나님의 사랑을 경험하게 될 것입니다.

　또한 물리적으로 그들을 돌봄으로써 위로를 전할 수 있습니다. 우리는 고통의 순간에 몸을 잘 챙기는 걸 간과하기 쉬워요. 하지만 몸은 정신을 담는 그릇의 역할을 넘어 몸이 정신을 포함하고 있다고 이해해도 될 정도로 서로 긴밀하게 연결되어 있어요.

　실제로 물리적인 요소의 회복만으로도 마음이 어느 정도 회복되는 경우가 있어요. 일례로 환경적인 스트레스 요인이 지속되는 상황임에도 행복 호르몬인 세로토닌 제제의 생물학적인 효과만으로 우울한 마음이 얼마간 회복되기도 하지요. 물리적으로 안전한 공간에서 머물며 건강하게 식사를 하고 잠을 잘 자는 게 정신건강에도 직접적인 영향을 미칩니다.

　다음은 열왕기상 19장 4절부터 8절의 엘리야에 대한 내용입니다.

　자신은 홀로 광야로 들어가서, 하룻길을 더 걸어

　어떤 로뎀나무 아래로 가서, 거기에 앉아서,

　죽기를 간청하며 기도하였다.

　"주님, 이제는 더 바랄 것이 없습니다.

　나의 목숨을 거두어주십시오.

나는 내 조상보다 조금도 나을 것이 없습니다."

그런 다음에, 그는 로뎀나무 아래에 누워서 잠이 들었는데,

그때에 한 천사가, 일어나서 먹으라고 하면서, 그를 깨웠다.

엘리야가 깨어보니, 그의 머리맡에는 뜨겁게 달군 돌에다가

구워낸 과자와 물 한 병이 놓여있었다.

그는 먹고 마신 뒤에, 다시 잠이 들었다.

주님의 천사가 두 번째 와서, 그를 깨우면서 말하였다.

"일어나서 먹어라. 갈 길이 아직도 많이 남았다."

엘리야는 일어나서, 먹고 마셨다. 그 음식을 먹고,

힘을 얻어서, 밤낮 사십 일 동안을 걸어,

하나님의 산인 호렙 산에 도착하였다.

왕상 19:4-8

죽기를 구할 만큼 소진되고 낙심한 엘리야에게 주님은 천사를 보내 먹고 마시게 하십니다. 회복의 자리로 여겨지는 로뎀나무 아래에서 엘리야를 물리적으로 보살펴셨지요. 엘리야는 그 음식물의 힘에 의지하여 움직였고요.

주님은 쓰러진 그에게 '영발'만으로 벌떡 일어나 걷기를 요구하지 않으셨어요. 우리 주님은 영·혼·육을 창조하셨으며 그 모두를 살피시는 긍휼이 넘치는 분이십니다.

낙심해서 쓰러져 있는 자에게 우리는 천사의 역할, 하나님의 사랑의 전달자 역할을 할 수 있어요. 집 밖으로 나오지도 못할 정도로 낙심한 자의 건강을 챙기는 일, 식사할 반찬을 만들어 가져다주는 일이 백 마디 위로보다 나을 수 있습니다.

"무슨 말로 위로해야 할지 모르겠고 찾아가는 게 부담이 될까 싶었지만 힘든 중에 식사는 하고 있는지 걱정이 되어 음식을 가져왔어요."

여의치 않으면 문자 하나라도 좋습니다. 식사는 잘 챙기고 있는지 마음이 쓰여서 연락한다는 진심 어린 문자 하나가 긴 지혜의 말보다 그들의 마음을 따뜻하게 할 수도 있습니다.

위로하고자 하는 마음을 가진 사람들과 더 좋은 위로의 방법을 같이 고민해보고자 이 글을 썼습니다. 마음을 함께하는 일을 직업 삼은 저 역시 누군가를 위로하는 건 쉬운 일이 아님을 체감합니다.

어려움 당하는 자의 고통에 마음을 같이하고자 하는 모든 이를 주님이 축복해주시길 바랍니다. 고통당하는 모든 이에게 그분의 위로가 함께하기를, 또한 그 마음의 주인 되신 분이 친히 회복시켜주시기를 늘 기도합니다.

은혜로
허락하신 삶

마음을 위로하는 의사

어린 시절부터 제 꿈은 의사였습니다. 고3까지도 변화가 없었
지요. 그러나 입시에 원하던 성적이 나오지 않아 한동대학교에
들어갔습니다. 서울의 명문대에 합격하고도 신앙적인 이유로
한동대를 선택해 포항까지 내려온 친구들이 있었지만, 부끄럽
게도 저는 아니었습니다.

원하던 학교에 다 떨어졌고, 재수하기에는 겁이 많았으며, 제
가 기독대학에 가길 원하던 엄마의 소원을 들어줄 겸 입학했지
요. 하지만 교수님들의 헌신적인 교육, 신앙적으로 좋은 환경,
사람들과의 교제로 인해 학교가 너무나 좋아졌습니다. 이 학교
를 졸업한 게 제 삶에서 가장 감사한 일 중 하나가 되었지요.

교수님들은 최선을 다해 학문을 가르치는 스승이었을 뿐 아

니라 제 신앙의 양육자가 되어주셨습니다. 그래서 휴학 기간까지 5년 동안 신앙이 쑥쑥 자랐어요. 특별히 생명과학부에서 신앙인의 관점으로 과학을 배울 수 있었던 게 큰 복이었지요. 당시는 교과서가 은혜롭다고 생각할 정도로 재미있게 전공을 공부했습니다.

대학 시절 수련회 때 이런 기도를 드렸습니다.

'하나님, 마음을 위로하는 의사가 되겠습니다.'

저도 모르게 드린 기도에 스스로 당황했습니다. 과학 전공이 당연히 제 길이라고 생각하던 시절이었기 때문이지요.

'대체 내가 왜 이런 기도를 하고 있지?'

저는 전공이었던 과학을 좋아했지만 조용한 실험실에서 연구만 하는 게 조금 힘들게 느껴졌습니다. 사람 만나는 걸 좋아하기에 사람을 직접 만나 하나님에 대한 이야기를 나눌 수 있는 일을 하고 싶은 마음이 포기되지 않아 고민이 많았지요.

진로 고민으로 머리가 터질 것 같던 3학년 겨울방학에 친구를 따라 말레이시아에 한 달을 계획하고 어학연수를 갔습니다. 그곳에서 현지 선교사님과 연이 닿아 태국 선교센터에 연결되는 하나님의 섬세하고도 놀라운 은혜가 있었지요. 개학 전으로 예약해놓은 귀국일을 몇 번이나 미루다가 결국 휴학을 하고 태국에서 한 학기 단기선교사 생활을 하게 되었어요. 태국의 선교센터에서 부족한 실력으로나마 영어를 가르치며 전문인 선교를 경험했습니다.

이 시간 동안 저는 직접 사람을 만나며 전문적인 영역으로 선교를 하는 것에 비전이 생겼습니다. 정신과 의사가 되거나 선교지에서 과학을 가르치는 선생님이 되면 좋겠다는 마음을 가지고 4학년이 되었습니다. 열심히 의학전문대학원 준비를 했고 부족한 제게 지혜와 환경을 허락하시는 하나님의 놀라운 도우심으로 국립대인 경북대학교 의전원에 입학했지요.

의전원 생활도 은혜뿐이었습니다. 지금도 신앙의 멘토인 김동선 담임교수님을 만나고 CMF(의료선교단체 한국누가회)에서 신앙의 동기와 선후배들을 만났습니다. 매 학기 공부가 쉬운 적이 없었고 다음 달 생활이 막막할 정도로 경제적으로 어려웠지만 이모와 이모부, 은사님, 교회를 통해 때를 따라 먹이시고 입히시는 만나와 메추라기의 하나님을 생생하게 경험했습니다.

먹고 입는 것도 넉넉지 않은 상황에서 의전원 생활 중 두 번이나 전액 장학금으로 미국 연수를 다녀올 수 있었습니다. 장학금을 받고도 비행기표가 없어 연수를 포기해야 할 상황이었는데, 비행기표까지도 장학금으로 준비해주시는 하나님의 섬세한 은혜와 좋은 기회를 주기 위해 애써준 학교의 도움으로 가능했지요.

다 하나님 은혜라

의전원에서 공부하면서 정신과 의사가 되고 싶은 마음이 점점 더 커졌습니다. 연구직보다 사람 대하는 일이 잘 맞았고 정신과가 질병을 넘어 한 사람 한 사람을 깊이 만나 도울 수 있는 과라고 생각했기 때문이지요. 하지만 당시 정신과는 경쟁률이 가장 높은 과 중 하나였기에 최선을 다해 공부하면서도 정신과 의사가 되는 건 하나님의 은혜로만 가능하다고 생각했습니다.

인턴을 마치고 첫 시험에서 정신과 입국에 실패해 재수를 했습니다. 그러면서도 경제적 압박이 여전했기에 병원 세 곳에서 닥치는 대로 일을 했어요. 정신과 입국 시험이 몇 달 남지 않았을 때도 일과 공부를 병행해야 해서 속이 많이 상했지요. 마음에 원망이 가득한 중에 검진 간호 선생님의 소개로 지금의 남편을 만났어요. 너무나 힘든 순간이 가장 감사한 시간이 되었습니다.

이후에 명문 정신과 의국으로 알려진 가톨릭대 성모병원 정신과에서 훌륭한 교수님들과 선배, 동기들에게서 귀한 배움을 얻고, 임상강사 기간과 박사과정까지도 잘 마칠 수 있었지요. 또한 수련기간 동안에 결혼을 했고 사랑스러운 자녀도 얻었습니다.

병원에 걸린 제 약력은 세상 사람들이 보기에도 화려합니다. 하지만 저는 확실히 알고 있습니다. 제 약력은 제 것이지만 전혀 제 것이 아니기도 합니다. 만약 제 이름 아래 적힌 약력이 논문이라면 제1저자가 저이고 교신저자는 하나님이 아니라, 논문을 쓴 제1저자도, 논문을 지도한 교신저자도 모두 하나님이십니다.

제 이름으로 걸려있는 그 논문의 공동저자로 제일 마지막에 이름을 올려주신다고 해도 그저 감사 외에는 할 말이 전혀 없는 배움의 시간을 하나님께서 허락하셨지요. 이처럼 저는 단 1퍼센트도 제 능력으로 된 게 없고 시작과 과정, 알 수 없는 마지막까지도 모두 주님의 은혜로 살고 있습니다.

아픈 모습 그대로

이 책의 주제는 '신앙인의 자존감'에 가깝습니다. 건강한 사람이든 아픈 사람이든 그 자존감의 근원이 하나님의 자녀로서의 정체성에 있다면 비록 아픈 모습일지라도 각양각색의 모습 그대로 하나님께 영광 돌리는 삶이 될 거라고 생각해요.

저는 기독 정신과 의사인 유은정 원장님과 좋은의원에서 수년간 근무했고, 2020년에 의원 문을 열게 되었지요. 그동안 진료실에서 신앙을 가진 환자들이 나눠준 여러 고민이 이 글을 쓰게 했습니다. 누구보다도 자신의 삶을 용기 있게 보여주었던 많은 환자들에게 깊은 감사를 드립니다.

환자들은 진료 시 자신만 영향을 받는다고 여기는 경우가 많아요. 하지만 진료실은 삶과 삶이 만나는 공간인 것 같습니다. 제 건강이 힘든 순간에도 진료를 포기하기가 어려울 정도로 제겐 환자들과의 만남이 무척 중요해요. 저 역시 그들의 삶을 통해 배우며 성장하고 있지요. 서로의 삶을 진심으로 존중하며 때로는 최선을 다해 애써온 환자의 모습에 깊은 존경을 느낍니다.

책을 쓰면서 몇 가지 걱정이 있었습니다. 저는 많은 기독 정신과 의사 중 한 사람일 뿐이고, 정신과 의사는 개인의 성향과 수련 과정, 진료 환경, 주로 사용하는 치료 방법에 따라 의원의 모습이 다릅니다.

심지어 같은 의사가 진료해도 환자마다 최선이라 생각하는 방식으로 만나지요. 혹여 이 글을 읽는 분 중에 다른 주치의 선생님은 왜 직접적인 신앙의 이야기를 진료실에서 나누지 않는지 의문을 가질 수도 있어요.

저는 정신치료적으로 저에 대한 노출을 비교적 편하게 여길 수 있는 수용-전념치료와 기독 상담을 주로 하고 있습니다. 제가 분석적인 정신치료를 주로 했다면 저에 대해 알리는 게 치료에 도움이 되지 않는 경우가 더 많았을 거예요. 따라서 제가 직접 만나는 환자들을 생각해서 제 간증은 생략했을 것입니다. 실제로 수련의 시절 분석적인 정신치료로 만났던 환자 중에 수년을 매주 만나면서도 제 개인적인 이야기를 극히 아낀 경우가 있습니다. 그것이 그의 치료에 더 도움이 될 거라고 생각했기 때문이지요.

이 글을 읽고 제게 진료를 받으러 오는 분 중에 마음 상하는 분은 없을지 걱정이 됩니다. 아무래도 상담센터가 아닌 정신과 의원이자 비만·폭식 의원이다 보니 제한된 시간에 많은 사람을 만나지요. 간단한 약물 위주의 상담과 약물 처방을 주로 하는 치료가 긴 상담을 하는 경우보다 훨씬 더 많아요. 개개인에 따른 치료 방법의 차이뿐 아니라 환경적인 제약 때문에도 충분한 상담이 어려울 때가 있습니다.

이 글을 읽으며 충분한 시간의 상담이 가능할 거라고 기대했다가 마음이 상하지 않길 바랍니다. 하지만 역시나 제약이 많은 상황에서 부족한 저인 채로 최선을 다할 것입니다. 오히려 이 책이 짧은 진료 시간에 다 전하지 못하는 세세한 이야기를 나누는 통로가 되었으면 좋겠어요.

저는 아직 젊은 정신과 의사이고, 앞으로 더 많은 분을 만나면서 생각이 많이 달라질 수 있기에 현재 생각을 글로 남기는 게 맞는지도 고민했습니다. 하지만 지금 제가 갖는 질문과 고민을 풀어놓는 것만으로도 누군가에게는 도움이 되지 않을까 하는 마음으로 용기를 냅니다.

마지막으로 알게 모르게 저로 인해 상처받았던 누군가가 제 글로 인해 더욱 마음을 다치지 않았으면 합니다. 또한 저로 인해 크신 하나님의 영광이 조금이라도 가려지지 않기를 소망합니다.

제가 이런저런 생각과 불안이 무척 많은 사람인 것을 직접 느끼시지요? 이런 걱정 많은 저인 채로, 부족한 글이나마 제 사랑하는 하나님과 소중한 환자들에게 그리고 마음을 다친 많은 분에게 드리고 싶습니다.

—

감사의 글

—

글을 쓰며 감사한 많은 분이 생각납니다. 가장 먼저 이모와 이모부, 조카딸 의대까지 공부시키느라 고생 많으셨지요? 감사하고 존경하고 사랑해요. 사랑하는 가족들, 하늘나라에 계신 우리 할머니, 사랑하는 엄마와 아빠, 신앙의 부모님을 두어 참 감사합니다.

엄마와 아빠의 삶을 제가 살았다면 저는 두 분만큼 잘 살지 못했을 것입니다. 주님과 가족을 위해 애쓰며 살아온 두 분의 삶을 존경하고 사랑합니다. 우리 언니네, 내 동생 정간, 금석이와 안나, 사랑해. 응원해주시는 친척들, 특별히 큰이모, 온양 고모와 지화, 성자, 찬주 고모, 사랑하는 사촌들 감사해요.

여보, 내가 한 일 중 가장 잘한 일은 당신과 결혼한 거예요. 사랑하고 고마워요. 엄마 눈에는 세상에서 제일 사랑스러운 소중한 아들, 엄마의 아들로 태어나주어서 너무나 고마워. 사랑하는 아기야, 우리 꼭 건강하게 만나자. 사랑하는 시부모님, 매일 새벽 가족을 위해 기도해주셔서 감사합니다. 희상이네, 진형이네 늘 응원해주셔서 감사합니다.

멘토 되어주시는 경북대 의대 김동선 교수님과 사모님, 망원동 한사랑치과 김재호 선생님과 사모님, 성현교회 최재호 목사님과 사모님, 김민선, 서은성 선교사님, 포항 예인교회 백승호 목사님과 사모님, 임성재 간사님, 정정우 목사님 가족, 늘 제 영혼을 먹여주시는 배광교회 이학성 담임목사님과 사모님, 기도해주시는 속장님과 속 식구들, 열린교회 김남준 목사님 늘 감사합니다.

존경하는 한동대 교수님들, 경북대 의대의 교수님들, 좋은 정신과 수련을 받게 해주셨던 가톨릭의대 성모병원의 교수님들 감사합니다. 특별히 박사 지도해주신 채 교수님, 인천성모병원의 한 교수님, 전 교수님, 박 교수님 늘 감사합니다. 소중하고 든든한 정신과 의국 동기 모임 열 명, 개원 도와준 최 원장과 우리모임, 의국의 감사한 선배들 주샘, 곽샘, 경샘, 차샘, 엄샘, 왕샘 일로 만나 사랑하는 사이 허샘, 주샘, 윤샘 고맙습니다. 맥락적 행동과학연구회 선생님들 감사합니다.

오랜 친구들 특별히 조강지우 정은, 한결같은 원철, 화석친구 한주, 하연, 윤희, 경희, 하나, 승현, 한동에서 만난 친구들, 특별히 내 사랑 유유와 존경하는 인애, 혜린, 한진, 별꼴 사람들, 지현 언니, 자혜, Waiyan, 경북의전 민폐클럽 혜진, 보미, 미옥과 CMF로 만난 평생 친구들 연희, 혜정, 은정, 수현, 선숙, 효진과 덕호, 사랑하는 정심이, 장미, 권영기 원장님 이하 남학우들과 건대 김아람 교수, 제주 돌담의원 김동일 원장네, 보미, 늘 고마워.

책이 나올 수 있게 도와주신 좋은의원 유은정 원장님, 기도로 책 쓰는 과정을 도와주신 규장의 여진구 대표님과 김아진 실장님과 직원들 감사합니다. 작은 동네의원이지만 조이의원의 길이 규장이 걷는 길과 조금이라도 비슷한 모습일 수 있다면, 제 일에 더 바랄 것이 없을 것 같습니다.

나와 매일의 삶을 함께해주는 조이의원 식구들, 환자를 위해 아침마다 진심으로 기도해주는 당신들이 있어서 다행입니다. 위드제이심리상담센터에서 든든하게 힘을 보태주시는 김선민 센터장님 이하 모든 상담, 임상 선생님들 존경하고 감사합니다. 마지막으로 도움받을 용기를 내어 기꺼이 제게 자신들의 삶을 나누어주신 존경하고 사랑하는 제 모든 환자분들께 깊은 감사를 드립니다.

제 아버지 되시고 주인 되시는 사랑하는 하나님께 이 책을 올려드립니다. 아버지 사랑합니다.

사랑하는 내 딸, 애썼다

초판 1쇄 발행	2021년 3월 16일
초판 7쇄 발행	2024년 4월 19일

지은이	한혜성

펴낸이	여진구		
책임편집	김아진 정아혜		
편집	이영주 박소영 최현수 안수경 김도연		
책임디자인	노지현 마영애 | 조은혜 이하은		
홍보 · 외서	진효지		
마케팅	김상순 강성민	마케팅지원	최영배 정나영
제작	조영석 허병용	경영지원	김혜경 김경희

303비전성경암송학교 유니게 과정
이슬비전도학교 / 303비전성경암송학교 / 303비전꿈나무장학회

펴낸곳	규장

주소 06770 서울시 서초구 매헌로 16길 20(양재2동) 규장선교센터
전화 02)578-0003 팩스 02)578-7332
이메일 kyujang0691@gmail.com   홈페이지 www.kyujang.com
페이스북 facebook.com/kyujangbook   인스타그램 instagram.com/kyujang_com
카카오스토리 story.kakao.com/kyujangbook
등록일 1978.8.14. 제1-22

ⓒ 저자와의 협약 아래 인지는 생략되었습니다.
이 출판물은 저작권법에 의해 보호를 받는 저작물이므로 무단 전재와 무단 복제를 할 수 없습니다.

책값 뒤표지에 있습니다.
ISBN 979-11-6504-190-8 03230

규 | 장 | 수 | 칙

1. 기도로 기획하고 기도로 제작한다.
2. 오직 그리스도의 성품을 사모하는 독자가 원하고 필요로 하는 책만을 출판한다.
3. 한 활자 한 문장에 온 정성을 쏟는다.
4. 성실과 정확을 생명으로 삼고 일한다.
5. 긍정적이며 적극적인 신앙과 신행일치에의 안내자의 사명을 다한다.
6. 충고와 조언을 항상 감사로 경청한다.
7. 지상목표는 문서선교에 있다.

하나님을 사랑하는 자 곧 그의 뜻대로 부르심을 입은 자들에게는 모든 것이 合力하여 善을 이루느니라(롬 8:28)

규장은 문서를 통해 복음전파와 신앙교육에 주력하는 국제적 출판사들의
협의체인 복음주의출판협회(E.C.P.A:Evangelical Christian Publishers
Association)의 출판정신에 동참하는 회원(Associale Member)입니다.